# 언니들의 마음공부

부모편

# 언니들의 마음공부

부모편

1판 1쇄 인쇄 2022년 11월 12일
1판 1쇄 발행 2022년 11월 22일

지은이 오소희

발행처 (주)수오서재
발행인 황은희 장건태
책임편집 최민화
편집 마선영 박세연
마케팅 황혜란 안혜인
디자인 권미리

제작 제이오
주소 경기도 파주시 돌곶이길 170-2 (10883)
등록 2018년 10월 4일 (제406-2018-000114호)
전화 031 955 9790
팩스 031 946 9796
전자우편 info@suobooks.com
홈페이지 www.suobooks.com
ISBN 979-11-90382-85-4 (03320)
책값은 뒤표지에 있습니다.



---

일러두기 이 책에 나오는 사람들의 이름 및 기타 개인 정보는 신원을 특정할 수 없도록 재가공되었음을 밝힙니다.

부모에게 받은 상처에서 벗어나
생의 주도권을 되찾기 위한

# 언니들의 마음공부

부모편

오소희 지음

수오서재

# 차 례

프롤로그 010

워밍업

사례에 들어가기 전 먼저 꺼내보는 질문들

부모에게 받은 상처를 말하기,
불편하지만 꼭 필요한 일 022

'사랑' 대신 '지성'을 받은 아이들 025

감정과 감각을 새로 배워야 하는 이유 030

우리는 '나' 이상으로 아이를 양육할 수 없다 035

치유의 3단계 매뉴얼 038

첫 번째,

## 지혜의 이야기

부모가 아들과 딸을 차별하고 키운 경우


여아들의 서바이벌 시대 046

그럼에도 찾아야 할 긍정의 지점 050

서러운 질문을 하던 힘은 생각하는 힘으로 054

부모와의 관계도 실패할 수 있다 060

내 세계의 통행증은 내가 관리한다 067

지금 눈앞에 놓인 사랑 071


두 번째,

## 수진의 이야기

맏이에게 어릴 때부터 어른 역할을 지운 경우


장녀들, 번아웃되다 076

엄마를 위해 노력, 노력, 또 노오력하던 나 080

지친 장녀들의 할 일, No.1 덜어내기 092

지친 장녀들의 할 일, No.2 등신짓하기 101

지친 장녀들의 할 일, No.3 운동하기 106

착한 딸에서 쌍년까지 108

세 번 째,

## 민주의 이야기

부모의 꿈을 아이가 대리 성취해주길 바란 경우

엄마의 세계 속에서 살던 나 118

질문하는 당나귀, 르네상스의 시작 125

카르마 끊는 법 130

우리는 놀이계의 신생아다 142

빛과 어둠, 둘 다를 사랑하게 된다면 150

네 번 째,

## 은경의 이야기

아이가 보는 데서 부모가 수시로 싸운 경우

불명확한 바위의 정체 158

'나는 무능하고 무기력해' 160

쉽게 포기하는 태도는 어디에서 왔을까? 169

동서남북에서 나를 바라보기 176

반드시 아이 앞에서 화해할 것 183

혼자 불행을 감지하는 외로운 감정노동 187

재능을 펼치기 위해 해야 할 일들 193

변화의 시작, '나는 원래 그런 사람이 아니야' 199

## 다섯 번째,

## 미영의 이야기

아빠가 엄마와 아이를 때리고 강압한 경우

'가부장'이라는 야만의 왕좌 204

엄마는 아빠의 감정펀칭백,
나는 아빠의 대리성취감 206

생각하는 힘! 223

경계설정은 곧 관계를 재설정하는 것 229

부당함과 상처를 고백하기 239

아빠에게 쓰는 편지 247

자기 생의 운전대를 잡다 256

## 여섯 번째,

## 희진의 이야기

엄마가 아이에게 신세한탄을 하고 때린 경우

최하위에 놓인 딸들 262

'내가 문제야'라는 오래된 세뇌에서 벗어나기 266

잘못 굳어진 가족 내 갑을관계 277

또 다른 '유사 엄마'가 등장할 때 289

더 이상 엄마의 감정펀칭백으로 살지 않기로 했다 296

"엄마, 나한테 왜 그런 거야?" 304

마
지
막,

## 정희의 이야기

### 정서적 허기가 채워진 아이의 경우

좋은 부모의 자격은? 316

거대한 정서적 자산을 물려받은 아이 319

재벌 안 부러운 삶의 자세 326

너의 품은 'XXXL 사이즈' 332

이미 잘 살고 있는데 알아보지 못할 때 336

가모장으로의 대이동 342

나는 내가 일으켜 세운다, '그 힘'으로 348

셀프치유, 그 누구도 아닌 '나'를 보기 354

소중한 것을 누리며 산다 357

에필로그 366

스스로를 치유하는 여성은

앞서간 여성 모두를

그리고 뒤따라올 여성 모두를

치유하는 것을 돕는다.

— 크리스티안 노스럽

프롤로그

# 우리가 부모에게 듣고 싶었던 말, 미안하다 고맙다 사랑한다

대한민국 30, 40대 여성 약 250명에게 물었습니다.

"당신이 자아를 찾는 과정에서

가장 방해가 되는 것은 무엇인가요?"

직업 또는 경력단절? 남편 또는 남자 친구?

자녀 또는 시부모? 돈?

대답은 다소 의외였어요.

부모.

90퍼센트가 넘는 압도적인 비율이었죠.

이것은 그들 대부분이 부모의 양육방식에 의해

상처받았다는 뜻입니다.

상처 입은 내면아이를 품에 안은 채,
지금도 부모와 불편한 관계를 맺으며
살아간다는 뜻이기도 해요.

2019년, 저는 여성들의 활동 플랫폼 '언니공동체'를 만들었습니다. 거기서 글쓰기 모임에 대한 요청이 있었어요. 작문 기법이나 출간 정보를 제공하는 글쓰기 모임엔 관심이 없었지만 글이라는 도구를 이용해서 상처를 치유하고 삶을 주체적으로 꾸려나가는 것에 지대한 관심이 있었습니다.

작가에는 세 부류가 있어요.
상상하고 쓰는 사람,
공부하고 쓰는 사람,
체험하고 쓰는 사람.

저를 아는 사람은 이미 알다시피, 저는 체험하고 쓰는 사람입니다. '어떻게 살 것인가?'라는 질문을 품고 세계여행을 떠난 뒤부터 열세 권의 책을 낸 지금까지, 오직 체험으로 터득한 것만을 글로 써왔으니까요.

순전히 제가 '체험하고 쓰는 사람'이기 때문이겠지만 오랜 시간 동안 수많은 여성들이 저를 찾아와 자신들의 체험을 들려주었어요. 점차 시간이 흐르면서 저는 그녀들의 이야기 속에서 공통의 상처를 발견했습니다. 그것에서 자유로워지기 위한 솔루션을 찾는 과정에서도 공통점을 발견했지요. 그것을 본격적으로 글쓰기 모임 안으로 가져와 프로그램화 하기로 했습니다.

〈'나'를 찾는 글쓰기 모임〉

프로그램은 회를 거듭할수록 하나의 친밀한 공동체가 탄생하도록 되어 있습니다. 그래서 후반부에 이르면 참가자들이 매우 '안전하다'는 느낌 속에 그동안 어디에서도 쉽게 꺼내놓지 못했던 상처를 드러낼 준비가 되죠.

질문은 그때 던져집니다.
"당신이 자아를 찾는 과정에서
가장 방해가 되는 것은 무엇인가요?"

참가자들은 저마다 다른 배경에서 성장했고 딱히 유사점을 찾을 수 없는 영역에서 활동하고 있습니다. 전업주부, 교사, 공무원, 작가, 간호사, 회계사, IT 개발자, 변호사, 연구원, 상담사…. 그럼에도 약 90퍼센트가 '부모'라고 답했어요. 개발도상국을 선진국으로 이끈 장본인이자, 희생과 헌신의 아이콘인 바로 '그' 부모님들.

그 부모님들은 밤낮으로 일해 자식들에게 밥을 먹이고 학교에 보내주셨죠. 하지만 자식들은 부모로부터 밥과 학교 이상의 것을 원했어요. 이를테면 포옹과 응원, 위로와 지지의 말 같은 것들, 혹은 그저 곁에 가만히 앉아 잠시 체온을 나눠주는 공감의 순간 같은 것들. 그러나 당시의 부모님들은 그런 '눈에 보이지 않는 것들'이 부모의 역할에 들어 있는지조차 알지 못했어요. 당신들이 어렸을 때 굶주렸고 학교에 가지 못했기에 그 이상의 육아목표를 갖지 못했죠. 결국 자식들은 '위장의' 허기는 채웠으나 '정서적' 허기를 지니게 되었습니다.

교육의 기회가 적었다면 자각도 덜했을,
그래서 오히려 덜 고통스러웠을 정서적 허기.

그들은 졸지에 수혜받은 것으로 인해 불행을 더 선명히 느끼는 존재들이 되었어요. '줄 것 다 주었다' 확고하게 믿는 부모 밑에서 '받은 것 없다' 말하는 떼쟁이들이 되었죠.

어릴 적, 그들은 엄마가 한 번쯤은 가게 문을 닫고 졸업식에 나타나주기를 기도했어요. 이불 속에서 오들오들 떨며 아빠가 엄마의 머리채를 놓아주기를 기다렸어요. “이것도 성적이라고 받아왔냐? 나가 죽어!” 당연한 듯이 경멸을 받았어요. 툭하면 살얼음판 같았던 집안 분위기를 살피며 조심조심 발뒤꿈치를 들고 걸었지요….

그 아이들 중 다수가 부모가 되었습니다. 부모가 자신들에게 위장의 허기를 물려주지 않기 위해 노력했듯, 그들은 지금 자식들에게 정서적 허기를 물려주지 않기 위해 노력하고 있어요. 마침 온오프라인에 온갖 이상적인 육아지침들이 넘쳐나는 시절, 밑 빠진 독에 물 붓기처럼 그들은 노력하는 만큼 좌절을 느낍니다. 개도국에서 물려받은 정서적 자산은 빈약하기 짝이 없어서 간신히 월세를 낼 수 있을까 말까 한데, 건물주처럼 넘치는 여유로 선진국 자녀들을 대해야 하는 과제를 떠안았기 때문이지요. 이 갭을 메우지 못해 그들은 자주 정서적 파산 상태에 시달립니다.

그 아이들 중 일부는 비혼을 선택했어요. 부모가 보여준 결코 행복해 보이지 않았던 결혼생활이 그들의 결혼관에 큰 영향을 미쳤습니다. 특히 가부장제 하에서 고통받는 엄마를 목격하며 자란 딸은 더 빈번하게 비혼을 택합니다. 그들은 비혼을 하나의 온전한 삶의 형태로 인정하지 않는 부모와 오늘도 반목하며 살고 있습니다.

저는 이 책에서 우리나라가 개도국에서 선진국으로 이동하는 동안 돈을 움켜쥔 손가락 사이로 빠져나간 것들을 말하려 합니다. 당시 어른들이 짓밟았거나 지나쳤던 아이들의 말, 표정, 마음속에 꽁꽁 뭉쳐져 있던 것들에 대해, 그 아이들이 어른이 된 지금 상처투성이 내면아이를 치유하기 위해 얼마나 애쓰고 있는가에 대해, 그리고 어떻게 성공적으로 극복해내는가에 대해.

참가자들에게 고통을 주었던 요소들은 주로 부모의 폭력, 폭언, 차별 등이었습니다만 상황에 따라 더 다양한 요소들이 뒤섞여 복합적으로 작용했습니다. 이 책에서는 가장 대표적인 다음의 여섯 가지 사례를 다뤘습니다.

- 부모가 아들과 딸을 차별하고 키운 경우
- 맏이에게 어릴 때부터 어른 역할을 지운 경우
- 부모의 꿈을 아이가 대리 성취해주길 바란 경우
- 아이가 보는 데서 부모가 수시로 싸운 경우

- 아빠가 엄마와 아이를 때리고 강압한 경우
- 엄마가 아이에게 신세한탄을 하고 때린 경우

그리고 마지막으로 위 여섯 개의 사례에 정답이 될 만한 한 편의 사례를 제공합니다. 가난했지만, 부모의 삶은 불우했지만 아이의 정서적 허기가 충만했던 한 가족의 이야기입니다. 사례는 나의 삶을 더 세밀하고 구체적으로 이해할 수 있게 돕는 거울이 되어줄 것입니다.

각 사례마다 참가자가 직접 쓴 자전적 글, 저와 참가자가 〈치유의 3단계 매뉴얼〉로 삶을 정리하고 재구성하는 과정, 그것이 다시 참가자의 삶에 어떤 변화를 일으켰는지 확인하는 마무리 글까지, 전 과정을 고스란히 보여드립니다. 깊숙이 교감이 오가고, 관점의 전환이 일어나고, 상처에서 긍정의 의미를 발견한 뒤, 웅크려 있던 참가자가 벌떡 일어서서 걷기 시작하는 전율의 순간들을.

모든 글에는 치유의 힘이 담겨 있습니다.
신뢰하는 사람들과
'특별한 방식'으로 나누기만 한다면.

특별한 방식으로 글을 나누기 위해 저는 〈치유의 3단계 매뉴얼〉을 사용했습니다. 치유의 매뉴얼이 실제로 어떻게 적용되는지는 본문에서 차차 나눌게요. 다만 많은 참가자가 이 과정에서 부모와의 관계에 극적인 변화를 맞이했다는 것을 밝혀두고자 합니다. 그녀들은 내내 생을 짓누르던 무거운 바위를 집어던지고 가벼워졌지요. 바위 아래 납작하게 깔려 있던 내면아이를 구해내고 본래의 '나'다운 생김과 부피를 되찾았습니다.

물론 모두가 극적인 순간을 맞이한 것은 아니었어요. 그런 참가자들은 대체로 바위를 집어던질 순간을 맞이하기 위해 바위 곁에서 성실히 서성인 사람들이었습니다. 책을 읽거나, 일기를 쓰거나, 상담을 받거나, 혹은 더 나은 관계, 더 나은 삶에 대해 그저 질문해왔거나…. 저의 역할은 그 탐색의 토양 위에서 그들이 놓치고 있던 부분은 새롭게 주목하도록, 과하게 붙잡고 있는 부분은 내려놓도록 돕는 일이었어요. 삶이 '의미 있는' 일대기로 재탄생할 수 있도록 함께 생의 서사를 재구성하고 앞으로 나아갈 지향점을 설정했습니다.

네, 부모와 나의 관계를 돌아보는 것은 결국 나의 탄생부터 현재까지를 되돌아봄으로써 미래를 설계하는 일이었습니다. 삶에서 불필요한 것은 과감히 버리고 필요한 것을 새롭게 장착하며 결국 '어떻게 살 것인가'에 대한 답을 내는 과정이었습니다.

저는 이 소중한 과정을 독자도 함께 경험할 수 있기를 바라면서 별책 감感노트를 만들었습니다. 글쓰기 모임을 압축해 워크북 형식으로 만든 책입니다. 《언니들의 마음공부: 부모편》의 실전이 궁금하다면 감노트의 가이드를 따라 꾸준히 글을 써보길 권합니다. 사례 속 주인공들처럼 오래된 상처에서 벗어나 새로운 미래를 설계하는 데 도움이 될 것입니다.

참가자들은 저를 "언니!"라고 불렀어요. 저도 "영은아!" 하며 이름으로 불렀지요. 고도성장기라는 동시대 안에서 유년을 보냈기에 우리의 공감대는 넓었으며 이야기는 끊일 사이가 없었습니다. 그 분위기를 생생히 전달하기 위해, 다음 장부터 '언니와 동생' 사이에 오간 반말을 그대로 사용하겠습니다. 제가 간혹 현장의 육성으로 웃거나 욕해도 깜짝 놀라지 마세요.

너무나 소중한 것이 너무나 경미한 비용으로 치부되었던 그 시절, '배우지 못한 부모'가 서툴게 맺었던 부분을 '배운 자식들'이 공들여 정돈하고 다시 제대로 맺는 시간을 갖는 것은 어쩌면 당연한 일입니다. 우리 세대의 숙명이죠. 이 글이 당신에게 위로가 되고 나아갈 바가 되길 진심으로 바랍니다.

당신이 부모님과 편안해지기를,
그로써 무엇보다
당신이 자신과 편안해지기를.

# 워밍업

사례에 들어가기 전
먼저 꺼내보는 질문들

## 부모에게 받은 상처를 말하기,
## 불편하지만 꼭 필요한 일

"언니, 저는 부모님이 얼마나 고생하셨는지를 잘 알아요. 그래서 부모님에게 서운했던 기억이 많지만 어쩐지 끄집어내면 안 될 것만 같아요. 죄책감이 느껴진달까요."

"그래, 무슨 말인지 알아. 우리의 유년엔 분명 좋은 순간이 더 많았을 거야. 그랬기에 우리 모두 멀쩡히 살아남아서 이렇게 좋지 않았던 순간을 증언할 수도 있는 거겠지?

좋은 순간에 대해선 감사하는 마음을 갖자. 우리는 모두 어른이 되었고, 어른이라는 큰 이름 안에 담긴 작은 능력을 잘 알고 있어. 부모님들이 '난 그때 최선을 다했어!'라고 할 때 그것이 의미하는 '인간적인 한계'에 대해서.

그렇다고 해서 그 한계를 말하는 것이 부모님을 욕되게 하는 것은 아니야. 지금부터 우리가 하려는 건 한계의 지점으로 돌아가 그것의 정체를 알아보는 일일 뿐이야. 당시에는 이해할 수도, 수용할 수도 없었던 그것을 어른이 된 지금 제대로 이해하고 수용하기 위해서 말이야. 비난하거나 원망하기 위해서가 아니라, 혼란스러운 감정의 정체를 파악하고 제대로 정리하기 위해서. 그로써 더 건강하고 지속가능한 부모 자식 관계를 설정하기 위해서.

이제부터 우리는 말을 걸 거야. 그 한계의 지점에서 떠나지 못하고 있는 각자의 내면아이에게.

'하고 싶은 말이 있으면 해봐. 어떤 말이라도 좋아. 내가 최선을 다해서 이해해볼게.'

그때 그 아이가 하는 말을 잘 경청할 거야.

'애썼구나.'

'참 아팠겠구나.'

그 아이가 말을 하면 할수록 너는 편안해질 거야. 그 아이가 힘들게 말을 꺼내는 순간만큼은 네가 부모님을 먼저 생각하지 않았으면 좋겠다. 지금까지 네가 그 아이의 말을 경청해주지 않았기에 그 아이는 조금씩 더 말하지 않는 아이가 되었고 점점 구석에 웅크리고 있게 되었지.

지금 이 자리는 '나'를 보살피는 자리야.
나를 제대로 보살피지 않고
그 누구도 제대로 보살필 수 없어.
부모든, 반려든, 자식이든."

## '사랑' 대신 '지성'을 받은 아이들

"둘째 딸이었던 저는 탄생부터 환영받지 못했어요. 숱하게 '괜히 낳았다'는 말을 들으며 자랐죠. 어른이 되면 부모에게서 받은 상처가 옅어질 줄 알았어요. 하지만 저는 아직 아이를 낳은 것도 아닌데, 사랑스러운 조카를 보는 것만으로도 상처가 더 깊어져요. 이렇게 예쁜 아이를, 내 부모는 왜 사랑해주지 않았을까요?"

**"우리 세대가 부모로부터 받은 '사랑'엔 사랑이 일반적으로 포괄하는 것들이 적었어. 응원, 지지, 인정, 위로, 공감 같은 것들. 대신 우리가 넘치게 받은 것은 '지성'이야. 그래서 지성**

이라는 자산을 활용해서 우리가 지금부터 열심히 해야 하는 건 공부야. 학교 다닐 때 지겹도록 한 또 그 공부냐고? 응, 또 공부야. 마음공부. 그것도 무려 자습이야. 우리는 스스로 사랑을 공부해서 상처를 치유하고, 보다 업그레이드된 방식으로 다음 세대에게 사랑을 주어야만 하는 세대야.

우리가 원原가정에서 부모에게 상처를 받은 건 어찌 보면 당연한 일이었어. 그때 처음으로 핵가족이 시작되었거든. 전통적인 친족 또는 마을 공동체는 빠른 속도로 파괴되고 있었는데, 그렇다고 국가가 가정을 보호하거나 지원해줄 힘은 없었던 시절, 우리 부모님들은 급격한 변화의 쓰나미 속에서 독립군처럼 외따로 양육을 한 첫 세대이자 마지막 세대였어. 우리는 그 손아귀에 맡겨졌던 처음이자 마지막 세대였고.

그러니 지금 우리가 이렇게나 밥솥에 밥이 흘러넘치는 상황에서 엄청난 정보에 둘러싸여 국가의 지원을 받으면서도 '어렵다, 어렵다' 하는 육아를 우리 부모님들은 얼마나 가난하고 외롭고 무지한 상태에서 했을까 한번 생각해봐. 그 시대적 결핍에 연민을 갖지 않고서는 상처를 치유하기 위한 첫발을 떼기가 참 어려울 거야."

"부모님에게 한 번은 꼭 미안하다는 말을 듣고 싶은데, 그럴 수 있을까요?"

"그래, 사과를 받고 싶은 너의 마음은 너무나 정당하지. 너희들이 폭력의 기억을 꺼낼 때마다 언니는 새롭게 놀라. 내 이전에도, 내 이후에도, 어쩌면 이렇게 거의 모든 집에서 폭력이 있었을까? 그 시절 아빠가 아무렇지도 않게 했던 욕설과 폭행 중에는 지금 같으면 접근금지 명령을 받거나 수갑 채워 끌려갈 일들이 예사로 있었어. 또 그 시절 엄마가 아무렇지도 않게 했던 말 중에는 아이의 존재 자체를 부정하거나 평생 영혼에 상처를 남길 말들이 너무나 많았어. 너 같은 건 태어나지 말았어야 한다던가, 너희들 때문에 내 팔자가 요 모양 요 꼴이 되었다던가, 하는 말들.

우리는 많은 순간 겁에 질려 눈치를 봐야 했어. 우리에게 집이란 따사로움을 꿈꾸지만 결코 그렇게 되지는 않는, 늘 조금은 미진하고 외로움을 안겨주는 공간이었지. 때로는 언제 터질지 모르는 폭탄처럼 불안한 공간이기도 했어. 우리는 부모에게 일관된 사랑을 받고 싶었어. 집에서 안전하다는 느낌을 갖고 싶었지. 공존의 기쁨을 주는 가족관계를 꿈꿨어.

끝끝내 정서적 결핍이 채워지지 않자 우리는 열심히 책을 찾아 읽었어. 여행을 떠나거나 연애를 했고 결혼을 통해 새 가족을 만들었어. 무엇을 한들 원가정에서 생긴 구멍이 쉽사리 메워지지는 않았어. 서툴게 구멍을 메우려다 새로운 관계를 망쳐놓기 일쑤였지.

대한민국의 정서는 '한恨'이라고들 하지? 사실 그건 대한민국만의 정서가 아니라 경제적으로 어려운 나라들의 정서야. 그러니까 우리 부모 세대까지의 정서지. 수술받을 돈이 없어서 눈앞에서 엄마가 돌아가셨는데, 한이 안 맺히겠어? 그 힘으로 이 악물고 일해서 경제적인 성공을 만들어내는 거지. 결핍을 생산의 동력으로 삼는 것, 하지만 성공해도 정서적 내상(한)은 그대로 남는 것. 그게 제3세계의 메커니즘이야. 바로 우리 부모님들이 그 메커니즘으로 살아오셨지.

한 맺힌 게 많으면 '미안하다, 고맙다, 사랑한다' 그런 말 못 해. 뭐가 미안해? 나도 이렇게 힘든데? 내가 이렇게 죽을힘 다해 널 밥도 먹이고 학교도 보내줬는데? 이보다 더 확실한 '사랑한다'가 어딨어? 꼭 사랑한다고 말해야 알아? 네가 나에게 고맙다고 해야지, 나도 못 간 학교를 넌 보내줬는데? 이렇게 되기가 쉽지.

그래서 '미안하다, 고맙다, 사랑한다'는 말을 수시로 주고받는 가정을 우리는 매일 넷플릭스로 보지만 가난한 아이가 진열대의 케이크를 구경하며 침만 삼켜야 하듯, 그런 가정은 결코 우리 차지가 될 수 없어. 그건 아마 우리 다음 세대가 부모가 되면서부터 탄생할 거야. 선진국에서 태어나고 자란 부모가 똑같이 선진국에서 태어나고 자란 자식을 키우며 '미안하다, 고맙다, 사랑한다'를 맺힌 것 없이 주고받으면서부터.

그러니 우리의 할 일은 뭐겠니? '미안하다, 고맙다, 사랑한다'를 아이에게 자주 들려주는 거겠지? 그럼 우린 어디 가서 들어야 하냐고? 뭐, 소지섭한테 대신 들었잖아. 우린 퉁쳐야 하는 세대야. 들은 셈 치고 넘어가야 해. '아, 내 부모님은 사랑한다는 말 대신 일터에서 땀을 그리 흘리셨구나', '땅 팔고 땀 팔아 고등교육을 시켜주셨으니, 우리는 바로 그 지성으로 이렇게 자습하면서 셀프치유하는 수밖에 없겠구나', 그렇게.

그러니까 다시, 지성. 우리 부모가 '미안하다, 고맙다, 사랑한다' 같은 말이 왜 필요한지도 모른 채, 우리에게 그 필요성을 알아낼 다음 단계의 임무를 맡겨둔 채, 그저 한 맺혀 '너희는 나같이 살지는 말아라' 하며 전심전력으로 챙겨준 그 유일하지만 몹시 거대한 가능성을 지닌 자산, 지성 말이야."

## 감정과 감각을 새로 배워야 하는 이유

"어렸을 때 엄마는 공감을 하거나 마음을 읽어준 적이 없었어요. 심지어 학교에서 무슨 일이 있었는지 물어본 적도 없을 정도예요. 학교에 들어가기 전 몇 살이었는지 기억은 안 나지만 제가 강에 빠져 지나가던 동네사람이 구해준 적이 있어요. 그때 엄마가 살아 돌아온 나를 목욕시키면서 등을 때리며 탓했던 기억이 나요."

"어린 네가 얼마나 속상했을까? 언니도 비슷한 이야기 하나 해줄까? 내가 세 살 때 바다에 빠진 적이 있었어. 당시 부모님은 모래사장에서 동료들과 공놀이를 하고 계셨는데, 내가 아무도 안 보는 틈에 물속으로 들어간 거야. 누군가 나를 건져 등짝을 여러 번 때리자 물을 토해내고 살아났대. 엄마는 그 이야기를 하실 때마다 잊지 않고 당신의 고통에 방점을 찍으셔.

'내가 그때 너무 놀라서 한 달이나 목이 안 돌아갔다.'

잊지 않고 책임도 추궁하시지.

'넌 대체 어쩌자고 물속에 기어들어갔니?'

오 마이 갓, 난 세 돌도 되지 않았는데.

신기하지? 너와 나의 엄마가 자매지간도 아닌데 같은 화법을 쓰고 계셔. 우리 부모 세대에게 대화는 '마주 오가는 이야기'가 아니었어. 일방통행이었지. 당신의 용건을 전달하거나, 감정을 배설하거나, 요구를 전하는 것에 불과했지.

'밥 먹어라', '숙제해라.'

용건 전달이야.

'아이고, 내가 죽어야 끝나지.'

감정의 배설이야.

'반드시 좋은 대학을 가야 한다.'

요구야.

한마디로 우리 부모님들은 자식과 대화를 할 줄 몰랐어. 대화를 하려면 상대방이 다섯 살 어린아이라 해도 테이블 건너편에 앉아 있는 동등한 인격체로 존중해야 해. 등에 짊어진 의무이거나, 맘대로 좌지우지할 수 있는 소유물이 아니라, 잘 지내보고 싶고 그러기 위해 더 알고 싶고, 더 알아내기 위해 꾸준히 눈을 맞추며 소통의 노력을 하는 독립적인 인격체. 하지만 그 당시 시절의 부모에게 자식이란 의무나 소유물에 가까웠지.

지금도 어엿이 성인이 된 자식에게 '내가 도와줘야 한다'는 의무감을 느끼는 부모님들, '중요한 결정은 내가 내려줘야 한다'며 개입하는 부모님들이 많은 건 여전히 자식에 대한 정의가 거기 머물러 있어서야.

독립된 인격체로서 감정을 존중받지 못한 어린 시절의 우리는 외롭고 서러웠어. 죽다 살아 돌아왔는데 혼쭐이 나는 것처럼 부적절한 피드백이 이어지다 보니, 특정 상황에 '맞는 감정과 감각'이 무엇인지, 그에 맞는 대처(표현)법은 무엇인지, 성인이 된 지금도 학습이 부족하지.

'나 지금 화난 거 맞지?'

(마, 맞나?)

'이 상황은 내가 위로를 받아야 하는 것 같은데?'

(맞아?)

'근데 엄마가 나보다 더 화난 것 같은데?'

(맞지?)

'그럼 내가 위로를 드려야 하나?'

(그런 거야?)

'나도 힘든데?'

(맞는 거…지?)

'위로의 말로는 뭐가 적당한데?'

(???)

'아씨, 모르겠다. 그냥 덮자.'

(이게… 정녕… 맞아?)

우리는 화를 내야 할 때 피식 웃기도 하고 차분히 말해야 할 때 화를 내거나 울기도 해. 마치 오작동하는 로봇처럼. 오작동을 멈춰야 나를 믿고 살아갈 수 있어. 부적절하게 반응한 날은 반드시 왜 그랬을까를 곰곰이 생각해보고 다음에 같은 상황이 생겼을 때 어떻게 하면 좋을까도 곰곰이 생각해봐야 해. 자신의 감정과 감각을 읽는 훈련을 하고, 그에 적절한 표현법을 찾아야 하지.

우리는 유년으로 돌아가서 그 작업을 시작할 거야. 등짝을 맞으며 감정을 죽였던 순간부터 하나씩 되짚어 현재로 돌아오는 동안 사안에 적절히 반응하는 나, (부모님과의) 관계를 편안히 조율하는 나, 그러한 나를 신뢰하는 나로 거듭날 거야."

## 우리는 '나' 이상으로 아이를 양육할 수 없다

"나는 못 받은 사랑을 아이에게 주려니 너무 힘들어요. 안 그래야지 하면서도 자꾸 아이에게 소리를 지르거나 때리게 돼요."

"우리는 '사랑의 매'가 엄연히 존재하던 시절에 성장했어. 사랑과 폭력을 혼용하다니 어처구니가 없지만 성장과정에서 깊이 각인된 통념을 새로운 가치관으로 끊어내기란 쉽지 않지. 사랑이라는 이름으로 상처를 주는 나쁜 카르마를 끊고 지지, 격려, 인정, 위로, 공감을 주는 사랑을 하려고 노력해온 사람이라면 이미 잘 알 거야. 그것은 보다 근본적인 것을 필히 들여다봐야 하는 작업이라는 것을.

바로 나 자신.

나의 성장과정에서 통념이 어떻게 자리 잡게 되었는가를 세심히 들여다보고, 그로 인해 내가 입었던 상처를 보듬고, 현재 그 상처가 재생되고 있다면 세심히 그 연결고리를 끊어내야 해. 이것이 선행되지 않은 채 완벽한 육아법만 찾아다니다가는 매번 '나'라는 한계에 부딪히고 점점 자신이 뜻대로 움직여지지 않아 자학하는 악순환에 갇히게 돼.

무엇이든 들어온 걸 그대로 내보내는 건 참 쉬워. 업그레이드를 시켜 내보내는 것이 어렵지. 마찬가지로 어린 시절 보고 배운 양육방식을 내 아이에게 그대로 내보내는 건 참 쉬워. 하지만 입력된 것보다 더 나은 걸 내보내는 건 정말정말 어렵지. 입력과 출력의 몸통을 담당하는 우리 자신을 업그레이드 시켜야만 하니까!

우리는 어떠한 경우에도
'나' 이상으로 아이를 양육할 수 없어.

아이가 부모의 거울이란 말은 그래서 있는 것이지.

'아이를 대하는 내 모습에서
지긋지긋했던 부모님 모습이 보여요.'
그럼, 그때가 시작종이 울리는 때야.
마음공부로 나를 돌보기 시작할 시간.

'아이를 낳은 뒤에야 마음공부를 시작하다니,
한심하고 두려워요. 너무 늦은 건 아닐까요?'
아니. 정말 좋은 때,
정말 좋은 계기로 시작하는 거야.

'저는 이미 어린아이가 셋이나 되어버려서…
정작 지금 마음공부가 너무나 절실한데
시간을 내는 건 더 어려워졌어요.'
괜찮아. 네가 할머니가 되고 나서
'마음공부 좀 할걸!' 후회하는 것에 비하면
로또에 당첨된 거나 다름없어.

'너무 늦었다' 고민하는 사람은 결코 늦은 게 아니라 제대로 해낼 기회를 새로 얻은 거란 걸 알아야 해. 되풀이하지 않음으로써 악순환의 고리를 끊어낼 수 있는 기회를."

## 치유의 3단계 매뉴얼

“앞서 나는 특별한 방식으로 글을 나누면 치유적일 수 있다고 했어. 글을 쓴 사람과 읽는 사람 모두에게 말이야. 그럼 사례로 들어가기 전에 그 특별한 방식, 〈치유의 3단계 매뉴얼〉이 무엇인지부터 알아보자.

1단계, 대면과 이해.

2단계, 위로와 긍정.

3단계, 퉁치기와 경계설정.

**먼저 1단계 ‘대면과 이해.’**

대면은, 글쓴이가 정말로 자신을 가장 무겁게 짓누르는 바위에 대해 썼는가를 보는 거야.

예를 들어 '내내 엄마와의 관계가 힘들었다'는 참가자가 막상 상처를 들여다보려니 겁이 나서 진로나 육아문제에 대해 써오는 경우가 있어. 그래선 안 돼. 상처를 회피하지 않고 담대히 맞서기, 이것은 치유의 필수적인 시작이야. 엉뚱한 부위에 약을 바를 수는 없겠지?

나는 이 단계를 '지구 위에서 보기'라고 부르곤 해. 우주인이 지구를 내려다보듯 멀찍이서 상처를 받았던 당시를 내려다보는 거야. 그러려면 상처에서 빠져나와야 해. 새롭게 확보된 너른 시야로 자신이 상처를 받았던 시절의 사회적 특징을, 그것이 가족에게 준 영향을, 그 영향 안에서 각 개인들이 어떻게 다르게 반응했는가를 살펴보는 거야. 특히 내게 상처를 준 사람의 '능력치'를 객관적으로 바라보려는 시도가 중요해.

예를 들어볼까? 지구 위로 쭈욱 올라가서 한 남자를 내려다보자. 1950년대 대한민국 벽촌에서 태어난 남자야. 초등교육도 제대로 못 받고 내내 농사를 지었어. 부친에게는 일을 잘 못한다며 툭하면 얻어맞았지. 지구 위에서 이 과정을 내려다본다면 그가 장차 아빠가 되어 자녀와 관계를 맺을 때 따뜻한 보살핌을 주긴 쉽지 않겠다는 걸 짐작할 수 있을 거야. 하지만 아이는 지구 위에서 태어나는 게 아니라 부모의 품 안에서 태어나. 즉, 이 상황을 객관적으로 볼 수가 없지. 자라는 내내 부모를 절대적으로 여기고 그의 능력에 기대어 주관적으로 세상을 바라봐. 가정이라는 우물 안에 머물며 사랑도 받고 상처도 받지.

특히, 상처! 상처란 본래 얼마나 주관적인지, 남의 부러진 팔보다 내 손가락에 박힌 가시가 더 아파. 게다가 제때 치료하지 않으면 곪기에 작은 상처라도 오래되면 개인의 전부를 장악하고 말지. 그래서 언니는 필요할 때마다 '자, 우리 같이 지구 위에서 보자' 하고 글쓴이를 상처 밖으로 이끌 거야. 객관화할 수 있으면 벗어날 수도 있어. 정확히 손가락에 박힌 가시가 보일 거고 딱 그 가시만큼만 아플 거야. 또 가시를 뽑는 데 꼭 맞는 치료법을 찾겠지.

1단계를 잘해낸 참가자는 자신에게 '벌어진' 일이 특정한 배경, 또 특정한 인물들 사이에서 어떤 식으로 벌어졌는가를 이해하고, 무엇보다 '벌어질 수 있었던' 일이었음을 이해하게 돼. 그리고 어느새 2단계로 가 있게 되지.

2단계 '위로와 긍정.'

위로는, 말 그대로 상처받았던 어린 나, 내면아이를 위로하는 거야.

1단계에서 관찰한 것을 바탕으로 '그래, 그런 일이 벌어졌구나', '내 힘으론 어쩔 수 없었구나', '고생 참 많았다'라고 내게 말해주는 거야. 가여워하면서 꼭 안아주는 거야. 서러운 만큼 실컷 울어주는 거야, 충분히 울어서 눈물이 더 나오지 않을 때까지.

긍정은, 눈물이 멈춘 말간 눈으로 다시 그 일을 들여다보는 걸 말해.

내가 고통 속에서도, 어쩌면 고통 때문에 더 노력해서 일궈낸 것들이 있음을 알아봐주는 거지. 나의 고통에도 긍정의 지점은 있었음을, 또 내가 더 큰 상처를 받을 수도 있었는데 상처를 주었던 상대방 역시 노력한 부분이 있었기에 그 정도에 머물렀다는 것을 발견하는 거야. 이 단계에서 긍정의 지점을 찾지 못해 막히는 사람이 많은데, 그럴 땐 언니가 관점이 전환되도록 힘껏 도와줄게. 그러고 나면 이제 글쓴이는 3단계로 갈 수 있어.

3단계 '퉁치기와 경계설정.'

퉁치기는, 맞아, 그냥 퉁치는 거야.

상처받았지만 긍정의 지점도 있었으니 '밑진 건 없다' 하며 마무리 짓는 거야. 마당을 비질하듯 마음을 비질하면서 상처는 미련 없이 쓸어버리고 긍정의 토대에서 새롭게 시작하는 거지.

경계설정은, 새 토대에 세우는 새 울타리야.

내게 상처를 준 사람이 전처럼 내 영역에 함부로 쳐들어와 상처줄 수 없도록 그의 난입을 적정히 차단하고, 경계 안에서 나를 안전하게 돌보는 거야. 울타리 안으로 들어오고자 할 땐 어떤 예의를 갖춰야 하는지 그에게 알려주고 변화된 방식으로 관계를 이어가는 거야. 관계에 끌려다니는 게 아니라 관계를 주도적으로 이끌어가는 거지.

관계에서 주도권을 잃고 끌려다니면 허무함, 자괴감, 억울함 같은 낭비되는 감정들이 지속적으로 올라와. 그것들을 치우느라 긍정적인 감정을 지니고 생산적인 활동에 집중할 기회를 뺏기지.

경계설정을 하는 것과 동시에 이 모든 낭비는 끝! 내가 세운 안전한 울타리 속에서 더는 과거의 상처가 아닌, 현재에 집중할 힘이 생겨. 나아가 미래도 꿈꾸게 돼. 나날이 실천 가능한 변화의 행동들을 구체적으로 생각해낼 수도 있어.

여기까지.

이제 사례 속으로 들어가 보자."

# 첫 번 째,

# 지혜의 이야기

## 부모가 아들과 딸을
## 차별하고 키운 경우

# 여아들의 서바이벌 시대

현재 내가 힘들어하는 부분은 과거의 어떤 부분과 연결되어 있을까? 체스에서 말을 옮길 때처럼 현재의 어떤 부분에 변화를 주면 전체 구도가 내가 원하는 형태로 바뀔까? 그 과정에서 내가 세워야 할 마음의 기준은 무엇일까?

첫 번째 사례, 지혜의 이야기는 지독하게 남아를 선호했던 시대상을 대변한다.

엄마는 아들과 딸을 굉장히 차별하셨다. 큰 기대, 경제적 지원, 하다못해 계란 프라이까지 모두 오빠 차지였다. 그런데도 말대답 한 번 못 했다. 정말로 필요 없는 사람 같은데 감히 어떻게 말대답을 할까. 어릴 때만 생각하면 서럽고 눈물이 난다.

"눈물 나겠다. 아주 피눈물이 나겠다. 그 시절이 어떤 시절이니? 병아리 감별하듯 태아 성별 감별해서 딸이면 그 자리에서 지우던 시절 아니니? 엄마들 대화 중에는 '나는 셋을 지웠다', '나는 넷을 지웠다' 하는 말들이 무슨 고난의 시합 체험담처럼 줄줄이 등장하곤 했지.

아프리카의 여성할례를 보면서 끔찍하다고 고개를 젓지만 우린 그보다 더 야만적이고 끔찍한 문화 속에서 태어났던 거야. 일종의 '여아 제노사이드'에 해당하지. 누구도 우리의 탄생을 축복하지 않았어. 탄생 자체가 순전히 운에 기인했지. 다행히(?) 집에 돈이 없어서 병원에서 성별 감별을 제때 하지 못했거나, 낙태*하려 했으나 수술비가 없었거나, 아들이 없는 집에서는 이번엔 아들일 거라고 기대해서 태어났고, 아들이 있는 집에서는 이번에도 아들일 거라고 기대해서 태어났지.

아무도 있는 그대로의 우릴 기대하지 않았어. 대놓고 꿩 대신 닭이었어. 뉴스에서는 교실에 남자아이가 훨씬 많은 현상을 일말의 죄의식 없이 보도했고 어른들은 진심을 담아 말하

* 그 시절 사용하던 어휘를 의도적으로 사용했습니다.

곤 했지. '네가 아들이었어야 했는데.' 만약 네가 공부를 잘했다면 더 자주 들었을 거야. 나도 아들딸이 다 있는 상태에서 태어났기에 아빠 비위를 못 맞출 때마다 수없이 듣곤 했어. '태어났을 때 너를 엎어놨어야 했는데', '쟤는 뭐 하러 낳아가지고', '계집애가 애교라곤 없고.'

그럴 때면 엄마는 옆에서 깔깔 웃고 계셨기에 당시 내가 느낀 감정은, 물론 이것에 '맞는 감정'도 한참 찾아 헤매다 뒤에 꿰어 맞춰 알게 된 것이지만, 뭐라 항변하고 싶은데 일개 '어린 개인'으로서는 항변할 수 없는 무력감? 왜냐하면 온 사회가 아빠의 말을 지지했으니까. 정말로 이 사회는 나의 (성) 정체성을 군더더기로 치부하는 게 명확했으니까. 그 무력감은 내게로 와서 글자 그대로의 무력함이 되기도 했고, 정반대로 자신의 존재의미를 증명하려는 처절한 적극성이 되기도 했어. 이 방에 있는 너희들 모두 가슴에 비슷한 상처를 안고 비슷한 '서바이벌'을 했을 거야."

모니터 속 얼굴들이 모두 고개를 끄덕인다. 코로나 시국을 맞이하면서 모임은 온라인으로 전환되었다.

"글만 보더라도 성별과 관련된 차별의 무시무시한 증언은 끝도 없이 이어져. 셋째도 딸이라고 분노하며 엄동설한에 갓 태어난 아기를 문밖에 내놓은 할머니 이야기, 첫 아이인데 재수 없게 아들이 아니라며 우는 아기를 두꺼운 이불로 덮어놓은 아빠 이야기, 딸, 딸, 딸 뒤에 태어난 또 딸이어서 수치스러워하며 평생 눈 한 번 안 맞춰준 엄마 이야기…. 그러니 우리가 지금 여기까지 온 걸 어떻게 서바이벌 즉, 생존이라고 부르지 않을 수 있겠어?

지금은 나아졌을까? 확실히 많이 좋아졌지만 아직도 소규모 지역사회로 가면 여전하다고 해. 또 주목할 만한 현상이 뭔 줄 아니? 부부관계의 고충을 토로하는 여성의 배우자 중 상당수가 특정 지역 출신의 남성이라는 거야. 교실에 남아 비율이 특히 높다고 뉴스에 자주 보도되었던 바로 그 지역. 이 지역의 견고한 남아선호사상(이라고 쓰고 후진 젠더의식이라고 읽자) 속에서 성장한 남자가 지금 인기 있는 남편이 못 되고 있다는 뜻이지. 어찌 보면 당연한 일이야. 적극적으로 아들을 골라 낳은 부모 손에 자랐으니까.

현재 미성년인 아들을 가진 엄마는 이 부분을 주목해야 해. 아들이 한시바삐 제대로 된 젠더의식을 장착해야 새 시절에 각광받는 남편과 아빠, 사회인이 될 수 있다는 것, 그러기 위해선 부모가 먼저 양성평등을 위해 노력해야 한다는 것."

# 그럼에도 찾아야 할
# 긍정의 지점

"딸을 '죽일' 정도로 아들과 차별했던 시절, 지독히도 딸을 냉대했던 엄마. 자식이라면 눈에 넣어도 아프지 않은 법인데 어째서 그런 기형적인 일이 벌어졌을까? 우리가 여기 모인 목적은 상처를 준 사람을 비난하고자 함이 아니라 상처를 치유하고 잘 살아가는 데 있지? 그러므로 지금부터 할 일은 왜 그런 일이 벌어졌을까를 '지구 위에서 보는' 일. 쑤욱 올라가서 한번 내려다보자."

### 1단계 ◦ 대면과 이해

"세상에는 두 가지의 믿음이 있어. 하나는 주어진 것을 철저히 지켜야 살아남는다는 믿음. 이것이 체제나 전통을 존속시키지. 다른 하나는 주어진 것을 보다 낫게 만들 수 있다는 믿음. 이것이 변화와 혁명을 이끌어. 매일 세 끼를 찾아 먹기도 힘들면 전자에 매달려. 끼니가 해결되었을 때에야 후자를 생각하지. 스스로 경제력이 없었던 가부장제 하의 여성들은 당연히 대부분 전자였어. 남자보다 더 열심히 가부장제와 남아선호사상의 추종자임을 증명해야 사회적 인정, 그리고 비로소 먹을 것이 주어졌으니까. 자신이 딸이라서 고통받았으면서도 그래서 더더욱 그 고통에서 벗어나려면 아들이 꼭 필요했지. 결과적으로 억압받는 여성(엄마)이 여성(딸)을 더 억압하는 일이 벌어진 거야.

반면 교육의 혜택을 받은 딸들은 지성과 경제력을 동시에 갖추면서 변화와 혁명을 선택할 수 있는 후자가 되었어. 덕분에 가부장제의 뿌리는 흔들리고 있고 남아를 선호할 사회적 명분도 사라지고 있지. 이 여성들은 자신이 딸이라서 박해받은 것을 어떻게든 자신의 딸들은 받지 않도록 노력해. 더 나은 세상을 꿈꾸며 양성평등을 위해 투표하고 페미니즘을 공부하지.

여기까지 지구 위에서 보기가 다소 되었니? 엄마의 행동을 '이해'할 수는 있겠어? 그녀 역시 위계의 밑바닥에 깔린 채 몇 개 안 되는 생존 선택지 중 하나를 골라 처절한 서바이벌을 하고 있었다는 것을. 그릇된 양육방식이 오롯이 그녀의 선택은 아니었으며, 수많은 층위의 사회적 압력 속에서 수동적으로 도출된 선택이었다는 것을.

물론 엄마를 '이해'한다 해서 네게 많은 상처를 준 엄마를 하루아침에 '사랑'하게 될 수는 없을 거야. 그럴 필요도 없어. 가족이라 해서 무조건 모두와 사랑하며 지내야 하는 건 아니야. 하지만 이해하면 미워하는 건 멈출 수 있어. 가족이라면 서로 미워하는 것만은 멈춰야 해. 다른 누굴 위해서가 아닌 지친 너 자신을 위해서, 네가 마음의 평화를 찾고 잘 살아가기 위해서.

그럼 우리가 받았던 차별의 상처는 어떻게 치유해야 할까? 〈치유의 3단계 매뉴얼〉을 적용해서 엄마를 이해하고 나의 상처를 위로한들, 여기서 무슨 긍정의 지점을 찾아낼 수 있을까? 긍정의 지점이 있어! 언니가 앞에서 했던 말 중에 힌트가 있어. 지혜의 사례에서 그걸 본격적으로 찾아보기로 하자.

알지? 타인의 사례를 접할 때는 디테일에 주목하면 안 돼. 디테일은 각자 다르기 마련이어서 거기 주목하면 '내 얘기는 아닌데?' 이렇게 되거든. 디테일 대신 큼직한 구조에 주목해야 돼. 그래야 나와 사례 속 인물 간의 공통점이 보이고 가져와서 응용할 지점도 보여."

# 서러운 질문을 하던 힘은 생각하는 힘으로

오빠는 3대 독자였다. 할머니는 당신 몫으로 차린 고기반찬을 오빠의 입에 넣어주었다. 돌아가실 때까지 나만 보면 "쓸데없이 태어나가지고"라는 말을 자주 하셨다. 나는 1990년대 생임에도 남녀차별은 내게 여전히 존재하는 현실이었다.

엄마는 오빠의 생일선물로 나이키를 샀고 내 생일엔 르까프를 사왔다. 오빠의 성적표엔 집안의 명운이 걸려 있었고 내 성적표엔 다들 심드렁했다. 내가 받는 대접을 오빠는 누구보다 잘 알고 있었다. 오빠는 엄마 아빠가 계실 때나 안 계실 때나 내게 온갖 심부름을 시켰다.

지금도 가족모임을 하면 오빠 위주로 돌아간다. 오빠 입에 고기를 넣어주는 것이 할머니 대신 엄마라는 것이 다르다면 다르다고나 할까. 새언니가 바로 옆에 있는데도 엄마의 젓가락질은 쉬질 않는다.

새언니는 시도 때도 없이 전화를 해서 내가 가족 일에 비협조적이라고 불만을 표시한다. 그 가족이 내 가족 같지 않은 걸 어쩌란 말인가.

남편과는 처음에 대화가 잘 되지 않았다. 하지만 워낙 착한 사람이라 시간은 걸려도 내 말에 귀를 기울여주는 편이다. 내가 내성적이어서 그도 힘들 것이다. 그와는 서로를 소외시키지 않으며 함께 노력한다는 느낌이 든다.

시어머니는 아들 결혼을 당신 마음대로 하고 싶어 했다. 코로나 전이어서 얼마든지 해외여행을 갈 수 있었는데도 제주도가 좋다며 그리로 신혼여행을 가라고 했다. 그때 싫다고 하지 못한 것을 지금도 후회한다. 처음엔 모든 걸 맞춰드리다 점점 힘들어져 지금은 남편을 통해서만 연락하는 편이다.

"지혜의 글을 보니 언니가 아주 속상하다. 힘들겠지만 그래도 지구 위에서 볼 수 있도록 조금 도와줘볼게. 엄마는 가족

관계가 어떻게 되시니? 딸을 사랑하기 힘든 성장과정을 지니셨을 것 같아. 본인이 딸이라서 천대받으셨거나."

"딸 넷 중 넷째요. 다섯째가 외삼촌이에요."

"아이고, 안 봐도 비디오다. 외삼촌 나올 때까지 집안이 어땠을지. 외삼촌 나온 다음엔 또 어땠을지. 딸의 탄생은 매번 초상난 것과 다름없었을 거고, 아들의 탄생은 망해가는 왕국의 재건인 거야.

엄마에게 아들의 존재는 트라우마이면서 생존이었겠다. 피에 사무치는 상처이면서 하늘에서 내려준 동아줄인 거지. 이건 못 바꿔. 엄마 스스로 트라우마 치료를 위해 상담도 받고, 양성평등의 필요성을 느껴서 젠더의식을 바꾸려고 노력하셔야지, 네가 못 바꿔. 네가 어떤 딸이든 무슨 예쁜 짓을 하든 아무 상관이 없어. 그냥 네가 안 보여. 네가 아무리 훌륭한 딸이어도 '딸이니까' 안 보이는 거고, 아들은 아무리 찌질한 짓을 해도 '아들이니까' 계속 마음이 가는 거야."

지혜가 고개를 끄덕인다.

### 2단계 ◦ 위로와 긍정

"그럼 그 다음. 지금부터 내가 하는 말이 위로가 되지는 않겠지만 그래도 팩트니까, 그리고 여기에 긍정의 지점이 있으니까 다시 한번 지구 위에서 보자.

알다시피 이런 방식으로 아들을 키우는 거, 요즘 육아책에서 하지 말라는 대로 다 하는 거야. 아주 골라서 반대로만 하는 거야. 최선을 다해서 망치는 거지. 오빠가 어디서 뭘 하는지는 안 물어볼게. 어쩌면 현대적인 가치를 장착한 멋진 남자가 되긴 힘들었을 거야. 과연 부모로부터 제대로 독립한 성인이 되었을까? 시대에 적합한 젠더의식은? 결혼을 했다면 가사분담을 제대로 해서 아내에게 사랑받을 수 있을까? 한마디로 요즘 세상에서 경쟁력 없는 남성상이자 남편상일 거야. 시대가 버린 가치를 부모와 아들이 붙잡고 늘어진 거지. 사업도 사양산업하면 망하지? 이 육아는 망한 거야. 그래서 반대급부로, 이게 네게 위로가 되길 바라는데, 요렇게 서럽게 자란 딸들은 시대를 앞서가는 능력자가 돼."

"네에?"

내내 끄덕이던 지혜가 무슨 뚱딴지같은 소리냐는 표정을 짓는다. 내가 이렇게 힘들어 죽겠는데 능력자라니? 관점을 바꾸도록 도와줘야 하는 순간이다. 지혜는 반신반의하면서 다음 말을 기다렸다.

"지혜야. 네가 겪은 것을 불행의 각도로만 보지 말고 다른 각도에서 봐봐. 너는 '아들, 아들' 하던 우매한 시대에 아웃사이더로서 그 모순을 절절히 체감하며 큰 거야. 부당함을 발견하고, 대안도 찾아보면서. 오빠같이 자란 남자들이 눈치라곤 없는 '찍벌남'으로 도태되는 사이에 네가 '내 차례는 언제 와?', '왜 안 와?' 서러운 질문을 하던 힘은 고스란히 생각하는 힘으로 이어졌어. 눈치를 보던 것은 예민한 감수성이 되었고. 네 글을 봐."

지혜의 글에는 촉각을 곤두세운 명민한 자아가 있었다. 그녀의 그런 면을 보아주는 사람이 주변에 아무도 없을 뿐이다. 우리는 타인이 자신을 바라보는 방식에 따라 자신의 모습을 인식한다.

"생각하는 힘과 감수성, 이건 이 시대에 가장 각광받는 재능 중 하나야. 여기에 긍정의 지점이 있는 거야. 이 세상엔 좋기만 한 경험도, 나쁘기만 한 경험도 없는 법이지."

그녀가 다시 고개를 끄덕이기 시작했다.

### 3단계 ◦ 퉁치기와 경계설정

"그래서… 언니가 슬픈 결말을 들려줘야겠다. 이 격차는 계속 커져. 화합할 수 없어. 예를 들어 쩍벌남과 페미니즘을 공부하는 너의 젠더의식이 만날 수 있겠니? 쩍벌남을 훌륭하다고 박수치는 엄마와는? 못 만나. 태극기부대와 촛불시위대만큼이나 불가능한 거야. 둘은 같은 광화문광장에 서 있지만 절대 못 만나. 마찬가지로 네가 이렇게 원가정 때문에 가슴이 헛헛해서 공부를 하면 할수록 전통적인 가치관에 매여 있는 원가정과는 점점 더 멀어질 거야."

이제 지혜는 사망선고라도 받은 사람처럼 두 손바닥으로 얼굴을 덮고 운다. 가슴이 몹시 아리다. 화면 속으로 들어가 그녀를 안아주고 싶다.

# 부모와의 관계도 실패할 수 있다

“네가 갈구하는 부모의 사랑… 미망未忘이야. 지구 위에서 봐봐. 불가능한 건 불가능한 거야. 흘러간 건 흘러간 거야. 유효기간이 끝났다고. 부모와 자식의 관계는 자식이 성인이 되기 전에 대부분 완성되는 어떤 것이야. 성인이 된 자식은 그 전에 받았던 것들을, 그게 맘에 들든 안 들든 캐리어에 넣어 가지고 나가 새 가정을 꾸리는 것이고.

그런데 원가정에서 감정적으로 떠나지 못한 채, 네가 그토록 어리고 사랑스러웠을 때도 못 받았던 걸 ‘지금이라도 내놔!’ 떼쓴다고 받을 수 있겠니? 아니면 새삼스럽게 사랑스러운 짓을 한다고 받을 수 있겠니?

얼쩡댈수록 상처만 더 깊어질 뿐이야. 관계라는 건 '쌍방'이 '동시에' 노력해야 좋아지는 거야. 여태 못 받은 사랑, 앞으로도 못 받을 사랑은 이제 그만 바라봐.

실패한 건 실패한 거야.
부모 자식 관계라 해도,
애착관계조차 맺지 못한 관계,
혹은 엉성하게 맺다가 만 관계,
그런 관계도 있을 수 있는 거야.
있는 그대로를 인정하는 것 또한
꼭 필요한 치유의 한 과정이야."

오랜 미망을 내려놓고 현실을 수용하는 건 언제나 아픈 일이다. 지혜는 계속 눈물을 닦는다.

"그렇게 너를 소진시키기엔 네가 지닌 게 너무 많아. 네가 아깝다고. 이렇게 계속 노력하고 점점 멋져지는 네가 그런 걸 전혀 못 알아보는 사람들 옆에서 인정받겠다고 서성이는 게 아까워. 알아봐주는 사람들과 어울려야지. 그런 사람들과 친하게 지내고."

공동체 동료들이 지혜에게 '우리를 봐!'라고 하듯 엄지손가락으로 자신들을 가리켰다.

"네 멋진 모습을 하나도 못 알아보는 사람들이 함부로 네 영역을 침범하게 두지 마. 네 인생에서 중요한 자리를 차지하게 두지도 마. 그러니까 너도 자꾸 그들의 시선으로 널 바라보면서 네 멋진 모습에 주목을 못 하고 있잖니."

잠시 말을 멈추고 그녀의 울음이 잦아들기를 기다렸다.

"네가 원하는 것을 얻진 못했지만 다시 잘 보면 덕분에 얻은 것들이 많아. 그리고 제대로 주목하면 앞으로 얻을 행복이 훨씬 커. 그러니 까짓 퉁쳐버리는 거야. 여기까지, 언니 말 이해했니?"

"네."

지혜가 고개를 들었다. 눈물로 씻어낸 얼굴이 말갛다.

"자, 그럼 지구 위에서 보며 이해했고, 긍정의 지점도 찾아 퉁쳤으니, 앞으로 나아갈 바를 생각해보자. 경계설정!

먼저, 새언니? 이 정도는 문제도 안 돼. 전화 받지 마. 자꾸 전화하면 받아서 '꺼져!' 그래. 집에 와서 문 두드려? 열어주지 마. 또 '꺼져!' 그래. 무한반복이야. 자꾸 말을 들어주고 문을 열어주니까 계속 떠들어대고 쳐들어오고 하는 거야."

"꺼져"라는 말에 모두 크게 웃었다. 지혜도 웃었지만 착하디착한 그녀는 동시에 두려운 얼굴이다.

"물론 뜻이 그렇다는 거지. 표현이야 비폭력 대화로 해야지. 예를 들면 '꺼져'의 다른 말은 '네가 신경 쓰이면 네가 알아서 하세요. 난 신경 안 쓰여요'야. 혹은 '내가 알아서 할게요. 신경 쓰지 마세요'야. 경계 짓기! 그럼 '어떻게 알아서 할 건데?' 묻겠지? 너는 답할 의무가 없어. '글쎄, 내가 내 식대로 알아서 할 테니 물러나 계세요'라고만 하면 돼. 그리고 네 식대로 해. 이걸 무한반복해. 이후 네가 네 식대로 한 것에도 왈가왈부하려 들겠지? 그 평가에도 휘둘리지 마. '당신의 불만은 당신의 것, 알아서 처리하세요' 하면 되는 거야. 이것 역시 무한반복. 언제까지? 새언니가 더는 간섭할 수 없다는 걸 스스로 깨달을 때까지.

사실 이건 네가 힘들어하는 다른 관계에도 해당하는 솔루션이야. 사람들과의 관계에서 반복해서 어려움이 생길 때는 그냥 '나'를 돌아보면 돼."

지혜의 낯빛이 화들짝 굳어졌다. 다시 한번 관점의 전환이 필요한 순간이다.

"아니, 아니, 절대 네가 모든 잘못의 원인이란 뜻이 아니야! 네가 사람들과 관계 맺는 방식에 어떤 공통점이 있는지를 보자는 뜻이야. 그것에 변화를 주면 전방위적으로 해결될 거란 얘기야. '왜 내가 바뀌어야 해? 날 괴롭히는 사람들이 바뀌어야지'라고 생각할 수도 있어.

물론 매번 간섭하는 네 시어머니가 여기 오셨고 넌 안 왔다면, 당연히 네 시어머니께 그분이 직접 할 일에 대해 이야기 나누었겠지. 하지만 네가 이 자리에 왔고, 네가 바꿀 수 있는 건 다른 사람이 아니라 오직 너뿐이기에 네가 만들어낼 수 있는 변화를 이야기하는 거야. 우리는 결코 남을 바꿀 수 없거든. 자신을 바꾸는 일을 '갱생'이나 '갱신'이라고 하지? 그것도 너무너무 어려워서 아주 극소수만이 해내거든. 그러므로 시부모나 친정부모에게 변화를 기대하지 말자. 너만큼 교육받지 못하셨는 데다가, 삶의 방식도 완전히 고착된 연세가 되셨으니.

하지만 너를 봐. 젊은 데다, 이미 많이 배운데다(우리가 받은 자산, 지성!), 이렇게 '나'를 찾기 위한 온갖 프로그램이 다양한 시절을 누리면서 계속 더 배우고 있어. 뿐이야? 궁금한 게 생겼을 때 클릭만 하면 답이 떡 나오는 온라인 세상도 능란하게 활용할 줄 알지. 그러니 누가 변화를 주는 게 효과적이겠니? 그럼 이 불행한 흐름을 바꾸기 위해 네가 다른 방식으로 흘러 보자.

너는 늘 사랑을 앙망했어. 마냥 '저는 여기 있어요. 저 좀 봐주세요' 하고 기다렸지. 네게 사랑은 뭐라도 들어오면 받아줄 태세가 되어 있는 무형의 것이었어. 그러니 저마다 생각날 때마다 들어와서 자기 방식대로 세모든 네모든 툭 던져놓고 '이게 사랑이야. 다 널 위한 거라고!' 주장했지. 시어머니가 '신혼여행은 제주도로 가. 다 널 위한 거야' 했던 것처럼, 네가 무형이니 사람들은 자기 멋대로 널 규정하기도 했어. 할머니가 널 '쓸데없는 년'이라고 했던 것처럼. 그러면 너는 또 '나는 쓸데없구나' 하고 왜곡된 자아상을 순순히 받아들였지. 저마다 자기 방식으로 네 구역에 쳐들어와서 널 맘대로 주물럭거리게 허락했어.

지혜야, 네가 들이기 싫은 건 '제가 알아서 할게요!'라고 말하고 경계 안에 들이지 말아야 해. 그들이 왈가왈부하면 '상관없어' 할 줄 알아야 해. 마냥 사랑받길 기다리지 않고 능동적으로 사랑하는 거야. 네가 문 안에 들인 사람들, 그러니까 현재 네 가족인 남편과 아이에게 최선을 다하는 거야.

능동적으로 사랑하려면 능동적으로 사랑 안 할 줄도 알아야 해. 힘을 안배해야지. 안 해도 되는 건 딱 잘라. 모두의 눈치를 보고 모두에게 잘 보이려 하지 마. 그들이 네게 와서 함부로 널 주물럭거리게 두지 마.

그러려면 네가 무형에서 벗어나야 해. '저는 무엇을 원하는지 모르겠으니, 당신 처분에 맡기겠습니다'가 아니라, '난 뭘 원하지?'를 알아내고 주장해야 해. 아무것도 요구하지 않고 신혼여행까지 다 맞춰줬는데, 더 요구하네? 힘들고 자존감은 낮아지고…. 그런 거 이제 그만. 내 세계의 통행증은 내가 관리하는 거야."

## 내 세계의 통행증은 내가 관리한다

"이제부터 일상에서 구체적으로 경계설정을 실천하는 데 필요한 목표와 방법을 얘기해보자. 평소 자기 주장을 하지 않던 지혜가 '난 ○○를 원해!'라고 바로 말하려면 힘이 좀 들 거야. 지혜는 다행히 글로 자신을 잘 표현해. 그러니 글로 연습해서 입으로 뱉는 훈련을 하면 효과가 있을 거야. 지금도 일기 쓰지? 자유롭게 한풀이하듯 쓰는 거지?"

"네."

"그것도 좋긴 한데 넌 지금 머리가 크고 몸은 작은 가분수야. 무슨 말이냐면 머릿속은 복잡한데 행동은 적다는 뜻이야. 이제부터는 글을 쓰되 반드시 실용적인 행동을 이끌어내는 글쓰기를 해보자. 오직 행동만이 변화를 만들거든. 오늘부터는 일기를 두 가지로 써.

첫 번째, 평소처럼 솔직 시원하게 한풀이하듯 술술 쓰기.

두 번째, 〈치유의 3단계 매뉴얼〉을 활용해서 그 글을 다시 요약, 정리하는 글을 쓰기.

특히 네가 매일 신경 써서 정리할 것은 '경계설정!' 경계를 딱 긋고, 그것을 지키기 위한 목표와 방법을 설정하는 것. 새언니와의 경계설정을 예로 들어볼게."

경계설정 새언니의 간섭을 차단한다

목표 명절 때만 만나고 가끔 안부 메시지만 주고받는다

방법 ▶ 새언니가 내게 먼저 연락하면 안부만 나눈다

▶ 새언니가 안부 이외 감 놓아라 배 놓아라를 시작하면 전화를 끊기

끊는 방법은, 내게 무언가를 시킬 때는 '제가 알아서 할게요. 부적절하게 간섭하시니 이만 끊겠습니다.' 내가 한 것을 평가할 때는 '불만이 있으시다니 안타깝군요. 하지만 저는 이대로 만족스럽습니다. 본인 감정은 알아서 처리하시길 바라겠습니다.'

"월 단위로 어느 정도 달성했나 퍼센트로 수치화도 해봐. 몇 번 성공했고 몇 번 실패했나 체크해서 숫자로 정리하면 될 거야. 추상적인 것일수록 구체적으로 시각화하면 효과적인 법이거든. 특히나 너는 감성적이고 직관적인 사람이기에 이런 구체성이 목표를 행동으로 옮기는 데 도움을 줄 거야. 매일 운동량을 기록해서 보여주는 앱처럼 동기부여가 되는 거지.

뚜렷하게 경계를 설정하고, 목표를 세우고, 흔들림 없이 방법을 실행하면, 사람들은 점차 지혜라는 세상에 발을 들이려면 어떤 통행증을 얻어내야 하는지 알게 될 거야. 조심스러워질 거고 필요한 예를 갖출 거야. 통행증을 획득한 사람에게만 문 열어줘. 아니면 못 들어와.

남편이 원가정 위주로 사고하다가 점점 너를 배려하는 쪽으로 바뀌고 있는 건 매우 긍정적이야. 남편의 준거집단이 원가정에서 현재의 가족으로 이동하고 있다는 뜻이지. 네가 할 일도 같아. 친정 식구들이나 시집 식구들을 무작정 만나지 말라는 게 아니야. 정서적 준거집단으로 삼지 않는 게 중요하다는 뜻이야. 사실 그러면 만남의 횟수는 자동으로 줄어들거든. 네가 준거집단으로 삼아야 할 가족은 명백히 네가 일군 현재의 네 가정이야."

지혜는 더 이상 '우는 아이'가 아니다. 고개를 끄덕이며 받아 적는다. 특유의 자산인 명민함으로 파악하고, 생각하는 힘으로 엮어 나갔다.

"한번 둘러봐. 너는 속수무책으로 사랑을 기다리던 그 불행한 어린아이가 아니야. 노력해서 따사로운 가정을 이뤘어. 남편과 아이가 너를 사랑해. 너는 안전해."

이날 모임에는 마침 소위 '착한 딸'이 셋이나 있었다. 착해서 속병 든 딸들.

"너희들 다 같이 실천일지 쓰고, 월 단위 달성률을 서로 인증해주면 어떨까?"

혼자서는 하지 못해도 서로 공감하는 사람들이 모여 함께 지켜봐주면 할 수 있다. 이것이 공동체의 놀라운 치유력이다.

**다음 주 지혜는 이런 글을 제출했다.**

조금씩 조금씩 더 잘 사는 나

이 모임의 목표는 "잘 사는 것"이라고 했다. 잘 사는 사람이 글을 쓰면 그 글은 좋은 글이 된다고. 내 삶이 엉망이라고 생각했다. 부모에게 사랑받지 못했으니. 사랑받으려고 숨죽일수록 그들 눈에 나는 그만큼 덜 주목할 만한 사람이 되는 것 같았다. 결혼 후 시부모와는 잘 지내보고 싶었다. 한 번 망친 것을 이번에는 잘 살려야지. 나는 그들의 말을 다 들어주었다. 그런데 그러다 보면 결국 일이 잘못되었다. 내 안에 불만이 쌓였고 그것을 꺼내지 못하는 내가 가만히 웅크리고 있었다.

나답다는 것이 무엇인지 잘 몰랐다. 젖을 문 아이가 나를 바라봐주기 전까지. 절대적으로 나를 필요로 하는 사람의 눈. 나는 처음으로 긴장하지 않고 오직 나 자신이 되어 아이를 안았다. 그때 알게 되었다. 많은 것들이 잘못되었다는 걸, 그리고 그것을 바로잡아야 된다는 걸.

나는 말할 때는 용기가 없지만 글을 쓸 때는 용기 있는 사람이 된다. 잘 사는 사람이 쓰는 글이 좋은 글이 된다면, 나는 글을 쓰다 보면 내 삶도 좋아질 것이라 믿는다. 오늘밤에도 나를 힘들게 했던 에피소드를 적고, 다시금 정리해보았다. 이해하고, 위로하고, 퉁치고, 경계를 설정했다. 내가 설정한 경계설정과 방법들을 실천할 내일이, 처음으로 가슴 설레었다.

앞으로 지혜는 글을 통해서 내면의 힘을 더 많이 발견할 것이다. 쓴 대로 행할 수 있는 자신, 그런 자신을 사랑하고 신뢰하게 될 것이다. 사랑과 신뢰가 흔들림 없이 쌓이면, 누구도 그녀를 함부로 건드리지 않을 것이다. 흔들리지 않는 사람을 흔들어봐야 소용없으니까.

그녀가 마지막 에세이를 제출했다. 부모의 차별적 사랑에 미련을 끊고 새로이 온전한 사랑을 배워 나가겠다는 의지가 눈부신 그 글에서 마지막 단락은 이렇게 끝을 맺는다.

> 우리 세대에 온전한 사랑을 받은 이가 몇이나 될까? 나로 말하자면 좋은 엄마가 되는 것이 무엇인지 본 바가 없다. 하지만 좋은 엄마가 되기 위해 하지 말아야 할 것들은 이미 여러 가지를 안다. 그것만으로도 나쁘지 않은 시작이다.
>
> 아이가 뛰어와 "엄마, 고마워. 사랑해"라고 말한다. "나도 고마워. 사랑해" 하며 아이를 꼭 끌어안았다. 그리고 남편에게 둘째를 갖는 것이 어떻겠냐고 물었다. 남편이 환히 웃었다. 내가 그토록 찾던 사랑이 여기에 있다. 우리 가족은 평등할 것이다. 그것만으로도 더 나은 사랑의 토대를 얻은 것이다.

지혜는 마침내 자신의 정서적 준거집단을 찾았다. 털어버릴 미련은 다 털어버리고 홀가분하게 자신의 현재를 살기 시작한 것이다. 그토록 듣고 싶었던 '미안해, 고마워, 사랑해'를 말해주는 사람들에게 자신도 직접 '미안해, 고마워, 사랑해'를 말해줄 수 있는 삶으로. 과거보다 한결 업그레이드된 방식으로, 지금 눈앞에 흠뻑 놓인 사랑을 향해 성큼.

# 두 번 째,

# 수진의 이야기

맏이에게 어릴 때부터
어른 역할을 지운 경우

## 장녀들, 번아웃되다

지혜의 사례에서 보았듯이 가부장제는 자식의 성별에 끔찍한 위계를 만들었다. 하지만 부부의 성별에 존재하던 위계에 비하면 차라리 나은 편이었다. 가장은 집안에서 무소불위의 권력을 휘둘렀다. 아빠가 폭력을 휘둘러서 신고를 해도 경찰은 기껏 이렇게 응대했다.

"집안 문제는 집안에서 알아서 하쇼."

집안에는 법이 들어오지 못한다는 뜻, 집안의 법은 아빠라는 뜻이었다. 실제로 아빠는 얼마든지 외도를 할 수 있었고 나가고 싶을 때 나가서 들어오고 싶을 때 들어올 수 있었다. 엄마가 따지면 말을 못 할 때까지 때릴 수 있었고 일하지 않고 밤낮으로 술만 마시는 아빠라도 일하다 들어온 엄마가 차린 밥상을 받았다. 반찬이 맘에 들지 않을 때는 밥상을 뒤집어엎어도 되었고 그걸 치우는 일도 다시 엄마 몫이었다. 환상의 피처링은 시집 식구들이었다.

"계집이 사내 마음 하나 못 잡는다."

크던 적던 그 시절 거의 모든 가정이 가장의 횡포를 허용했다. 사회가 허용한 것이다. 우리 모두에게 그 내상이 있다. 이렇게 열악한 상황에서도 이혼은 여성에게 사회적 사형선고여서 엄마의 선택지가 되지 못했다. 딸은 숨죽이며 사는 가여운 엄마를 보면서 스스로 숨죽여 엄마의 '숨 쉴 구멍'이 되었다.

특히 장녀가 그랬다. 한 가장의 젊고 미숙한 모습을 제일 오래 지켜본 자식. 한 가정의 허약한 초기 상태를 낱낱이 지켜본 자식. 때로 차녀일 수도, 막내일 수도 있지만 순서와 관계없이 명민하게 집안 분위기를 알아채고 엄마를 도운 딸이어서 엄마가 "나는 너 때문에 산다"고 말하며 '정신적 장녀'로 삼은 딸. 그녀는 엄마의 숨 쉴 구멍이 되기 위해 일찍부터 아빠 몫까지 이리 뛰고 저리 뛰었다. 그 대가로 자신의 생에 큰 구멍을 얻었다.

이 장녀는 자라는 내내 웬만한 건 혼자 해결해야 했다. 어른이 된 지금도 잘 지내지 못해도 엄마에게 이렇게 말한다.

"엄마, 난 잘 지내."

자신이 힘든 것보다 엄마를 먼저 챙긴다. "나는 너 때문에 산다"고 한 엄마. 내가 좀 힘들더라도 엄마가 편해질 수 있다면 그렇게 해야 한다고 생각한다.

그리고,

그렇게,

번아웃이 온다.

번아웃이 오고도 한참이 지나도록 자신이 번아웃된 줄도 모른다. 언제나 가족 대표로 엄마를 들쳐 업고 뛰느라, 때때로 동생들까지 들쳐 업고 뛰느라 자신을 세심히 살펴본 적이 없으니 말이다.

'내가 왜 이러지?'

'왜 이 정도밖에 안 되는 거야?'

'나까지 실패하면 안 된다고!'

탈진하는 순간이 와도 벌떡 일어서지 못하는 자신을 다그치기만 한다.

지금부터 장녀가 번아웃에서 벗어나는 과정을 함께 볼 것이다. 어떤 어려움이 있었는지, 그 어려움에서 어떻게 벗어났는지. 특히 이 점에 꼭 주목해서 봐주길 바란다. 그 과정이 정확히 '인생에서 우선순위를 찾아가는 과정'과 일치한다는 것.

## 엄마를 위해 노력, 노력,
## 또 노오력하던 나

수진도 장녀였다. 아빠는 툭하면 술에 취해 폭력을 휘둘렀기에 엄마가 일찌감치 양육, 가사, 경제적 책무를 한꺼번에 떠안으셨다. 수진의 글에서 엄마는 이렇게 묘사되어 있었다.

…그럼에도 엄마는 떠나지 않았다. 혹은 떠날 수 없었다. 나와 동생들이 엄마만 보았다. 찬물에 설거지를 해서인지 겨울마다 피가 통하지 않아 하얗게 변하던 엄마의 퉁퉁 부은 손가락들, 늘 잠이 모자라 졸면서도 "엄마는 안 졸리다" 말하던 그 입매, 돌처럼 굳어 아무리 주물러도 풀어줄 수 없었던 양어깨. 그 고단한 삶, 컴컴한 천 길 낭떠러지 앞 엄마의 손에 쥐어진 등불

이 바로 나였다. 친척들 앞에서 나를 자랑할 때마다 펴지던 엄마의 어깨, 당당한 웃음. 나는 그걸 보려고 혹은 엄마가 우리를 떠날까 봐 그토록 무리했던 게 아닐까.

**"이 부분을 읽는데 몇 번을 다시 읽어도 또 눈물이 나더라. 어린 수진이가 눈앞에 보이는 것 같았어. 엄마가 무너질까 봐 마음 졸이면서 백 번 천 번 엄마를 구석구석 쳐다보고 또 쳐다보고 있는 어린 수진이가."**

엄마는 내가 아들 같은 딸이라고 했다. 내가 있어서 이 모든 고생이 고생도 아니라고 했다. 너는 동생들에게 부모 대신이라고 했다. 엄마의 기대대로 열심히 공부했다. 초등학교 저학년 때는 산골 외딴집에서 5킬로미터가 넘는 통학길을 혼자 걸어 다녔다. 모든 것을 혼자 처리했다. 지방에서 서울로의 대학 진학도, 대학원도 알아서 입학과 졸업을 했고, 알아서 장학금을 받고 알바를 해 생활비를 벌었다. 거처와 직장을 옮겨 다닐 때도 나는 언제나 혼자였다.

동생들은 엄마 곁에서 학비며 다이어트 비용까지 받았다. 그러면서도 내게 "언니는 인색하다"고 했다. "엄마는 언니만 예뻐한다"고도 했다. 나는 엄마의 삶이 늘 안타까워서 힘들다는 말을 하지 않는다. 무리를 해서라도 엄마를 자주 방문한다.

여행을 하면 자유로웠다. 남편도 여행 중에 만났다. 하지만 지금은 처음 만났을 때의 낭만은 다 사라졌고 자주 싸운다. 몇 년 전 큰 사고를 간신히 피한 적이 있는데, 이때의 트라우마로 나는 잠을 잘 자지 못한다. 비행기도 못 타게 되었다. 건강에도 이상 신호가 왔다. 지금은 휴직 중이다. 무기력하다.

"우리 수진이도 가정폭력의 트라우마가 있구나. 당시엔 없는 집을 찾아보기가 더 어려우니, 참 슬픈 일이다. 성별과 관계없이 인품과 능력을 갖춘 사람이 가장이 되면 참 좋았을 것을, 남성중심사회에서 구축된 가부장제는 수많은 무능력한 남성 가장들에게 무조건적인 전권을 쥐여 주었어. 덕분에 많은 여성과 아이들이 대안 없는 고통에 빠졌지."

앞서 말했듯 우리는 핵가족 1세대 가정에서 자랐다. 즉 무능력한 가장을 교육하거나 제어할 다른 권력(어른)이 가정 내에도 마을공동체에도 없었다. 가정폭력에 개입할 사회제도도 당시 전무했다. 그러므로 지금부터 우리가 다룰 '장녀와 엄마' 사이의 문제를 단순히 두 여자 사이의 갈등으로 보지 않았으면 한다. 두 사회적 약자(여자와 여자아이)가 불가피하게, 임시방편으로 살아남기 위해 어설픈 팀워크를 구성했기에 시간이 흐를수록 그 한계가 분명해지는 과정으로 보길 바란다.

"아빠는 집안에 어둠을 드리우셨던 반면, 장녀인 수진이는 반짝반짝 영리했으니 엄마는 살아갈 빛을 네게서 찾으실 수밖에 없었겠구나. 딸이 얼마나 든든했을까. 현재를 버티기 힘들 때마다 딸이 가져올 미래만 생각하면 새롭게 힘이 나셨을 것 같아. 졸다가도 고개를 돌려 널 바라보면 네가 안타까운 눈으로 엄마의 손을, 입매를 바라보고 있다가 어깨를 주물러 드린다고 달려와 안기니 엄마의 '진짜' 반려자는 너였던 거지.

엄마는 일찌감치 너와 짐을 나눠 지고 싶으셨을 거야. 아니, 적어도 식구 중 너만큼은 짐을 좀 나눠도 알아서 짊어져주겠다 여기셨을 거야. 그러니 너는 또 얼마나 부담이 되었겠어. 아직 어린아이인데 다른 식구들을 돌봐야 했고, 학교에선 모든 걸 혼자 처리해야 했고, 스무 살이 되자마자 낯선 서울에서 돈도 벌고 공부도 해야 했으니. 학교에서 가족 단위로 축하하는 행사가 있을 때마다 혼자서 얼마나 외로웠겠어?"

수진이가 조용히 눈물을 닦는다.

"아마도 엄마가 생각하는 너는 굉장히 컸을 거야. 외로움 같은 건 얼마든지 잘 이겨낼 거라고 믿을 만큼 컸던 거지. 불과 서너 살 때부터 엄마에겐 네가 아빠보다 컸고, 엄마의 일생을 관통한 저 어마어마한 크기의 고통보다도 내내 네가 더 컸어. 그래서 네게 기대어 고통도 잊으셨던 거지.

네가 많이 외로웠겠구나. 엄마가 하루만이라도 일을 쉬시고 네게 달려와 주기를 간절히 바랐을 거야. 하지만 엄마는 네 안의 외로움 같은 걸 읽어주실 수는 없었겠지. 엄마에게 너는 그런 작은 것, 별로 안 시급한 것, 그러니까 '시시한 감정' 따위를 교류할 대상이 아니었던 거야. 너는 엄마와 함께 가정이 무너지지 않게 떠받드는 커다란 기둥이었으니까. 아마 막내하곤 감정 교류를 좀 하셨을 거야, 다이어트 비용 같은 것도 주신 걸 보면. 자, 이 관계의 역학이 보이니?"

1단계 ◦ 대면과 이해

무능력한 가장, 젊은 엄마가 혼자 짊어진 짐, 어려서부터 능숙하게 짐을 나눠 진 똘똘한 나, 그리고 돌봄이 필요한 동생들.

"너의 사랑은 필사적인 '노력'의 형태였고, 엄마의 사랑은 절대적인 '신뢰'의 형태였어. 동생들과는 다른 방식으로 사랑하신 거야. 얼마나 그 사랑(신뢰)이 절대적이었는지, 스무 살 딸이 눈 감으면 코 베어 간다는 서울에 혼자 갔는데도 그냥 알아서 맡겨. 사는 곳에 가보지도 않고, 밤에 들어오는지 마는지도 모르셔. 동생들은 막상 그 무조건적인 신뢰를 질투할 수밖에. 동생들에게 엄마는 굉장히 달랐을 테니까. 다이어트 비용 주실 때 얼마나 잔소리하면서 주셨겠니? '네 언니 발가락만큼이라도 닮아봐라' 하셨겠지."

수진이가 마지막 말에 격하게 고개를 끄덕이며 웃음을 터뜨린다. 신뢰와 관심은 서로 반비례하는 경향이 있다는 것을 이해하는 것이다.

"수진아, 너는 어마어마한 긴장감을 유지하면서 온 힘을 다 쓰며 살아왔어. 너무 어릴 적부터 너무 많이 땡겨 써서 번아웃이 온 거야."

수진이는 조금 놀란 표정을 지었다. 나중에 그녀는 이 말을 듣기 전까지 자신에게 번아웃이 온지도 몰랐다고 했다. 불면과 무기력에 오랫동안 시달리고 있었음에도 말이다. 장녀는 가족의 고통엔 민감하면서 그토록 자신의 고통에'만' 둔하다. 온갖 잡다한 가족사를 다 처리한 뒤에야 자신의 고통에 반응할 말미를 낸다. 물론 잡다한 가족문제는 결코 끝나는 법이 없다.

"네가 얼마나 자신의 고통에 둔감한지를 알아차리도록 돕기 위해서 글 속에서 한 부분을 골라 깊숙이 들어가 볼 테니 한번 들어봐."

> 초등학교 저학년 때는 산골 외딴집에서 5킬로미터가 넘는 통학길을 혼자 걸어 다녔다.

"세상에! 그 어린 여자아이 혼자 산길을…. 이건 네가 아주아주 영리했고, 아주아주 체력도 좋았고, 결정적으로 아주아주 운도 좋았다는 뜻이야."

어린 딸이 있는 수진이는 무슨 뜻인지 잘 안다는 듯 끄덕인다.

"한번 상상해봐. 아이의 작은 걸음으로 이 거리를 혼자! 길 위에서 벌어지는 모든 변수에 혼자 의사결정하면서! 그 변수에는 길이 얼어붙어 미끄럽거나 갑자기 비가 쏟아지는 자연의 변화도 있었을 거고, 열이 나거나 넘어져 다치는 등 몸의 변화도 있었을 거야. 으슥한 곳에서 마주친 행인이 말을 걸면 어떤 표정을 짓고 어떤 대답을 해야 할지도, 지나가던 차가 멈춰 서서 '학교까지 태워다 줄게'라고 할 때 (당시엔 거의 다 남성이었지) 어떤 판단을 내려야 할지도, 모두 혼자 의사결정을 내려야 하는 상황이었던 거야. 이걸 어린아이가 장기간 해냈다는 건 엄청난 긴장과 목표의식이 없이는 불가능한 일이야.

〈세상에서 가장 험한 등굣길〉이란 프로그램을 본 적 있니? 세상의 다양한 오지에 사는 아이들이 집에서 머나먼 학교까지 가는 과정을 담은 연속 다큐야. 거기 나오는 아이들은 정글을 헤치고, 강을 건너고, 때로는 절벽의 로프에 매달려 학교에 가. 그야말로 학교에 도착하는 것 자체가 엄청난 도전이고 성취인 환경이야.

그 아이들의 부모는 대체로 오지 마을에서 유일하게 교육의 중요성을 아는 사람들이야. 그래서 동네 다른 부모들은 자식들에게 노동을 시킬 때, 자기 아이들만 학교에 보내는 거지. 당장 가용할 수 있는 노동력을 포기한 데다 학비까지 마련해야 하니, 미래를 위해 엄청난 투자를 하고 있는 셈이야.

아이도 부모의 뜻을 잘 알아서 매일 그 험한 등굣길을 불평 없이 나서. 가난하니 신발도 옷도 허술한데 그 차림으로 비탈길을 달리고, 독사나 맹수를 피하고, 치마와 바지를 걷어붙이고 강을 건너. 급류에 휩쓸리기도 하고, 온몸이 흙투성이가 되기도 해. 정글 속 열매를 따먹는 달콤한 순간도 있지만, 그렇게 서너 시간씩 필사의 모험을 하고 학교에 도착할 즈음이면 아이들의 체력은 방전되고 배는 고파 죽을 지경이야. 시청자인 내 마음이 녹초가 될 지경이니 말 다했지.

정말 슬픈 부분은 그 다음부터야. 그토록 어렵게 학교에 도착했건만 하도 대단한 등굣길이다 보니 아무리 일찍 집을 나섰어도 아이들은 매일 지각이야. 학급 친구들에게 그 아이들은 허구헌 날 뒤늦게 등장해서 수업을 방해하는, 수업을 많이 놓쳐서 공부도 못하는, 수업시간에 피곤하다며 툭하면 엎어져 자는 열등생일 뿐이야. 게다가 흙탕물로 축축한 옷과 땀내 나는 몸이라니! 가난한 나라의 시골학교에도 빈부 차란 엄연히 존재하는 법이어서 친구들에게 이 아이들은 별로 상대하고 싶지 않은 벽촌의 촌뜨기일 뿐이야.

아이들은 수업 내용을 잘 따라잡지도 못한 채 다시 하굣길에 나서. 또 서너 시간, 그 어마어마한 길을 고스란히 되짚어 집으로 돌아오지. 소박한 저녁식사로 허겁지겁 주린 배를 채운 뒤 숙제 같은 건 할 생각도 못 한 채 쓰러져 잠들어버려.

이렇게 어려운 일인데, 수진아, 너는 1학년 때부터 5킬로미터 길을 걸어 학교에 도착한 뒤 공부까지 열심히 했네? 이게 얼마나 어려운 일인지, 이제 좀 감이 오니?

다큐 이야기를 길게 들려준 것은 치유의 매뉴얼 1단계인 대면과 이해, 즉 '지구 위에서 보기'를 돕기 위해서였어. 네가 자신의 고통을 모른 척하는 오랜 '습習'에 굉장히 익숙해져 있기 때문에 거기에서 벗어나 네게 벌어진 일을 제대로 볼 필요가 있거든.

그 작업을 네가 때 이르게 감당해냈던 여러 일 중 겨우 하나, 등굣길로 돌아가 제대로 한번 느껴보는 것부터 시작한 거야. 네가 얼마나 혼신의 힘을 다해 하루하루를 살아냈을지, 천방지축 뛰어놀 나이에 얼마나 큰 긴장을 몸에 장착하고 집을 나섰을지, 학교에서는 피곤한 자신을 다그치며 오직 엄마에게 100점짜리 시험지를 보여드리겠다는 일념으로 얼마나 공부에 집중했을지, 집에 돌아오면 또 얼마나 어른스럽게 동생들을 챙겼을지, 소리 지르는 아빠 곁에서 금방이라도 엄마가 도망쳐버릴까 봐 밤늦도록 엄마에게서 눈길을 떼지 못하면서 말이야.

너의 몸과 마음은 아주 일찍부터 쉼 없이 노동한 거야. 느껴보렴, 네 천만 겹의 피로감을. 알아봐주렴, 네 천만 겹의 고단함을. 너는 긴장을 놓아본 적이 없어. 그 모든 일을 떠맡고도 당연하다는 듯 해냈지.

보이니? 그건 결코 자연스럽게 떠맡을 일도, 당연하게 해낼 일도 아닌 엄청난 것이었어. 매번 애써서 이겨낸 나날의 전투고 승리였어. 이 등굣길은 네 인생에서 시작에 불과했어. 이후에도 쉴 틈 없이 너는 싸워야 했고 이겨야 했어. 힘들면 데굴데굴 구르며 떼써도 좋은 유소녀기를 온통 그렇게 애어른으로 보낸 거야.

한 가지 사례를 들었지만 나머지 작업은 앞으로 네가 스스로 해나가야 해, 바로 이렇게. 널 위한 시간을 충분히 비워두고 네게 벌어진 일들을 하나씩 떠올리면서 각 장면 속으로 깊숙이 들어가는 거야. 네가 쓴 글 속에서 엄마의 입매, 부르튼 손을 바라보던 시선을 '너'에게로 옮겨서 이젠 같은 장면 속의 너를 바라보는 거야. 그동안 엄마를 보느라 미처 살피지 못했던 너를. 고사리 손으로 엄마의 등을 두드려주는 너, 불안한 눈으로 엄마의 일거수일투족을 쫓는 너, 졸린데 졸리지 않다 하는 엄마 곁에서 밤늦도록 같이 자지 않으며 졸린데 졸리지 않다 말하는 너를. 일평생 축적된 네 어마어마한 피로를 샅샅이 찾아서 위로해주는 거야. 치유의 매뉴얼 2단계, 위로와 긍정 중 위로!"

2단계 ◦ 위로와 긍정

“노트를 한 권 마련해 글을 적어보렴. 떠오르는 에피소드를 한 편 쓴 뒤 당시에 네가 응당 가져야 했으나 가지지 못했던 감정과 감각을 알아봐주는 거지. 평소 일기를 쓰면서 자신과 대화해온 사람이라면 일반 노트에 자문자답하면서 쓰면 돼. 혼자 하기 어렵게 느껴지는 사람은 별책 감노트를 활용할 것을 적극 권해.

어린 시절 적정한 말과 스킨십으로 마음챙김을 받지 못한 우리는 외롭고 서러웠어. 특정한 상황에 '맞는 감정과 감각'은 무엇인지, 그에 알맞은 대처(표현)법은 무엇인지 학습이 안 되었다는 거야. 그래서 우리는 제2외국어를 배우는 것처럼 '맞는 감정과 감각'을 배워야 해. 제2외국어는 어떻게 공부하지? 먼저 단어를 외워야 해. 적절한 감정과 감각의 이름들.

'아, 내가 당황한 거구나.'

'지금 난 혼란스러운 거야.'

'이 감정은 우울이야.'

이렇게 우리는 어릴 때 제대로 배우지 못한 감정과 감각의 이름들을 익히고 시시각각 그것을 알아봐주는 연습을 해야 해. 우리가 전수받은 대화법은 알다시피 일방통행이어서 위로를 한답시고 상처를 주거나, 대화 좀 하자면서 통보만 할 때가 많았어. 그 말인 즉, 지금 우리도 입을 벌릴 때마다 누군가에게 꽤나 상처를 주고 있단 뜻이야.

우리의 낡은 화법을 업그레이드할 좋은 교재로 '비폭력 대화'를 권해. 나와 상대방 모두가 건설적으로 자신의 욕구를 드러내고 그것을 인정해주는 대화법이야. 관련 서적이나 강의가 많으니 꼭 찾아보면 좋겠다.

영어공부해봐서 이미 잘 알고 있지? 제2외국어는 결코 모국어처럼은 안 된다는 것. 때때로 어떻게 표현할지 막막하고 그때마다 익숙한 한국말이 튀어나오겠지만, 다른 방법 있나? 연습을 통해 조금씩 연마하는 수밖에. 기쁜 소식도 있어. 내가 제2외국어를 비록 더듬거릴지라도 매일 꾸준히 사용하면 내 아이에게는 그것이 '모국어Mother Tongue'가 된다는 것.

수진아, 감노트를 쓰면서 그동안 억눌렀던 감정과 감각이 점차 흐릿하게나마 떠오르면 분명한 위로의 말도 써주렴. 매우 치유적인 글쓰기가 될 거야. 식구들이 제때 너의 피로를 알아보고 위로해주었으면 참 좋았겠지만 그렇지 못했어. 기다리다 번아웃이 왔으니 그냥 네가 해주자. 지친 내면아이를 오늘부터라도 편하게 해주는 거야. 네가 엄마에게 듣고 싶었던 말과 포옹을 너의 내면아이에게 네가 직접 해주는 거야.

'참 힘들었겠구나.
그런데도 참 잘해냈구나.
장하구나.
네가 애쓴 걸 내가 잘 알아.
네 외로움도 내가 잘 알아.
이리 오렴, 꼭 안아줄게.'

넌 이미 당시의 엄마만큼 나이를 먹었잖아. 지금 네가 딸의 말을 경청하고 필요한 돌봄을 주듯, 네 내면아이에게도 똑같이 해줄 수 있어.

너는 묻겠지.

'이렇게 살아온 인생에도 긍정의 지점이 있을까요? 이렇게 억울하고 서러운데?'

있고말고. 방금 언니가 말한 것. 바로 네 능력. 네가 엄청 땡겨 쓰며 마련한 자원들이 네 인생에 포석처럼 깔려서 넌 무엇이든 원하면 할 수 있는 인생의 주인이 되었잖아. 사실 네가 생활비를 벌고 장학금을 타며 학교를 다녔다는 말을 뒤집어 보면 생활비가 필요하면 생활비를, 장학금이 필요하면 장학금을 척척 마련할 수 있었다는 뜻이야. 그런 엄청난 능력을 갖춘 사람이 몇이나 되겠어? 그래서 취직도, 여행도, 결혼도, 이직도, 휴직도, 하고 싶을 때마다 덜컥 할 수 있었잖아.

뿐이야? 그 큰 결정들을 모두 너 '혼자' 할 수가 있었어. 혼자라서 외로웠지만 이것 역시 뒤집어 보면 너는 자유란 뜻이야. 생의 주도권을 두 손에 꽉 쥐고 사용해왔단 뜻이지. 우리나라에서 얼마나 많은 부모가 자식, 특히 딸의 인생에 끼어들어서 함부로 요구하거나 가이드하려 드는 줄 아니? 수진아, 네가 일찍부터 애써온 덕분에 네 인생은 오롯이 너의 것이야. 다른 사람들은 평생에 걸쳐서 애써도 일궈내기 힘든 이 두 가지 긍정의 지점만으로도 네가 너무나 훌륭해서 막 박수를 쳐 주고 싶은데!"

내 요란한 박수에 수진이가 겸손하게 미소 짓는다. 미소가 말해준다. 차차 온전히 관점을 전환해낼 것이란 걸. 자신이 가지지 못한 것을 보는 시선에서 가진 것을 보는 시선으로.

### 3단계 ◦ 퉁치기와 경계설정

"그렇다면 퉁치기는 해낼 수 있을 것으로 믿고. 경계설정으로 넘어가볼까? 엄마와 너 사이에 경계를 설정하기 위해서 구체적으로 할 일들을 짚어보자. 능력이 뛰어난 사람들, 기대가 과도하게 주어지는 사람들이 흔히 그러하듯 너는 지쳤어. 번아웃 상황에서 할 일은 크게 세 가지야.

덜어내기.
등신짓하기.
운동하기.

먼저, 덜어내기.

어떻게 덜어내느냐? 우선순위를 정해서 3번 밑으로는 과감히 버리는 거야. 1번은 너, 2번은 아이, 3번은 남편. 응, 알아. 3번에 남편을 별로 안 넣고 싶겠지만, 일단 넣어주자. 지금부터 '3위권에 들지 않는 엄마'와의 관계를 어떻게 가볍게 유지할 것인지 알아보자. 바로 경계설정!"

나는 엄마의 삶이 늘 안타까워서 힘들다는 말을 하지 않는다.

"이것부터 그만! 너같이 살아온 사람은 자인하는 순간이 꼭 필요해. '나 안 행복해. 나 지금 힘들어.' 이런 말들을 내뱉음으로써 자인하는 거야. 그래야 비로소 너도 그간의 피로감을 느낄 허락을 스스로에게 받는 거야. 엄청난 긴장으로 자신을 꽉 틀어쥐고 있기 때문에 아주 큰소리로 자인해야 할걸? 어디 산이라도 올라가서 외쳐봐.

'나 힘들어!!'

온 세상에 대고 속 시원하게 소리치는 거야. 엄마에게도 해야 해. 물론 반드시 비폭력적인 '나 전달법I-message'으로. 예를 들면 '엄마가 절 힘들게 했어요'가 아니라 '제가 그동안 장녀로서 너무 열심히 살았나 봐요. 잠시 쉬어가고 싶어요.' 더 가볍게는 '요즘 스트레스를 많이 받고 몸도 많이 피로해요. 그래서 의사의 권유에 따라 테니스를 배우기 시작했어요.'

괜찮은 척, 문제없는 척, 척, 척하지 말고, 있는 그대로. 척하는 건 너를 지우는 행위야. 존재가 자신을 드러내려고 할 때 네가 자꾸 입을 틀어막고 파묻어버리는 거야."

무리를 해서라도 엄마를 자주 방문한다.

"이것도 그만! 횟수를 줄여야 해. 아예 손목에 타투를 해. '무리하지 않는 삶'이라고. 엄마가 보고 싶을 때, 여건이 허락할 때 가는 거야. 엄마가 먼저 '집에 좀 내려와라' 하셔도 무리가 될 때는 '죄송하지만 이번 주엔 못 가요. 말씀드렸던 것처럼 테니스를 배우기 시작했는데 주말에 레슨이 있어서요. 열심히 해서 건강부터 회복하고 찾아뵐게요'라고 해.

네 상태가 썩 좋지 않음을 공유하고 방학을 선언하는 거야. 만남의 횟수가 중요한 게 아니야. 좋은 낯으로 기쁘게 만날 수 있을 때 만나는 것이 모두를 위해 좋은 거야. 엄마가 전화로 동생들 걱정을 늘어놓으시면 '그 애들은 알아서 잘 살 거예요. 성인이잖아요. 믿고 맡기세요' 해. 당분간 엄마와의 통화에서 다음 표현을 입에 달고 살자. '죄송하지만 지금은 좀 어

렵겠어요. 제가 요즘 휴식이 필요해요', '그건 제가 좀 부담되어서요. 못 하겠어요.'

덜어내기 = 'NO'라고 말하기 = 때때로 그러나 반드시, 엄마를 실망시키기. 그동안 엄마의 기대에 부합하는 것이 너의 인생과제였다면 이제는 실망시키는 것이 과제야. 그래도 되고, 그래야 해. 네가 엄마를 실망시킨다 한들 막 길거리에 나앉는 식으로 크게 걱정시킬 단계는 지났잖니. 대단한 불효를 하려야 할 수도 없어. 이미 넌 직장, 가정 같은 생의 자원들을 훌륭하게 확보해놓았기에 기껏해야 엄마가 듣고 싶은 대답을 해주지 않는 정도의 실망일 뿐이야. 적당히 실망시키기도 하는 것, 혼신의 힘을 다하던 '습'을 멈추는 것! 관계에서 꼭 필요한 건강한 변화야. 할 수 있겠니?"

"아직은… 자신이 없어요."

그동안 얼마나 엄마를 위해 살아왔는지 수진이의 목소리가 가늘게 떨린다.

"그럼 워딩을 적어보자. 직접 말할 자신이 생길 때까지 화장실 거울에 붙여두고 아침저녁으로 세 번씩 읽는 거야.

'엄마, 제가 요즘 스트레스가 많아요. 걱정하실 상태는 아니지만 의사가 쉬는 게 좋대요. 엄마가 부를 때 못 갈 수 있어요. 당분간 동생들하고 얘기하세요. 그동안 제가 굉장히 열심히 살았잖아요. 잠시 휴식시간을 가질게요.'

나는 어떤 관계가 부담스럽게 느껴지면 스스로 방학을 가져. 부모에게나, 남편에게나 상황을 봐서 내가 빠져도 되겠다 싶을 때를 잡아 말하지. '일주일 동안 저를 찾지 마세요. 방학입니다.' 내가 과부하가 걸렸다고 느끼는 상황에서 나를 보호하기 위해 하는 거야. 나는 언제나 나를 보호하는 사람이어야 하니까. 수진아, 너는 지금 엄마만 보호하고 너를 보호해주지 않는 거야. 이기적일 필요가 있어. 너 같은 사람에겐 이기적인 것이 결과적으로 이타적인 거야.

네가 친정을 덜 찾아가면 남편과의 사이도 좋아질 거야. 입장 바꿔서 네 남편이 너처럼 자기 엄마를 24시간 등에 업고 산다고 생각해봐. 사이가 좋을 수 있겠니? 이제 마음을 친정에서 내려놓고 네 가정의 균형을 찾는 데 쓰도록 해."

## 지친 장녀들의 할 일,
## No.2 등신짓하기

"앞에서 너는 '원하는 것을 필요할 때마다 얻을 수 있는 생의 자원'을 이미 획득했다고 했지? 이 귀한 자원 덕을 지금 좀 봐야 해. 쉽게 말해서 널 위해 돈 쓰고 시간 쓰란 얘기야. 묵은 긴장을 낮추고 새로운 여유를 맛볼 수 있도록."

경계설정 번아웃에서 벗어난다

목표 등신짓 좀 제대로 해보자

방법 돈 쓰고 시간 쓰는 여러 가지

1. 퇴행의 날 정하기

2. 퇴행 예산 정하기

3. 지속적으로 하기

4. 등신짓 모임 만들기

5. 포도 스티커 프로젝트

1. 퇴행의 날 정하기

"어릴 때부터 애어른으로 살아야 했던 사람에게 꼭 필요한 건 퇴행이야. 빼앗겼던 유년을 뒤늦게라도 누리는 거지. 주말 중 하루 또는 주중 어느 저녁, 네가 아주 등신 같은 짓이라고 생각하는 걸 해. 그래 봤자 보통 사람들이 보통으로 누리는 걸 거야. 비생산적이지만 기분이 좋아질, 그야말로 '짓거리'들. 카페에서 초콜릿 케이크를 세 조각이나 시켜서 돼지처럼 혼자 다 먹는다든지, 로드숍에 가서 립스틱 대여섯 가지를 발라보며 소녀처럼 깔깔댄다든지, 새벽에 갑자기 차를 몰고 정동진에 가서 일출을 본다든지. 아예 제주도 한 달 살이 같은 것도 좋아."

"사실 지금 휴직 중이라 시간이 많거든요. 그런데 제가 좀 빈둥대고 있으면 그 모습이 그렇게 보기 싫은 거예요. 그래서 막 유튜브 강의라도 찾아보고…"

"어휴, 안 되겠다! 요일뿐 아니라 등신짓 예산도 정하자."

2. 퇴행 예산 정하기

"그럼 그 시간이나 비용만큼은 네가 네 자신을 편히 방면해줄 수 있잖아. 돈 다 못 쓰면 언니한테 보내. 나 돈 좀 벌자. 남에게 줘버릴 돈이다 생각하면 아까워서라도 쓰겠지? 그런 식으로라도 꼭! 쓰라는 뜻이야, 꼭!"

내가 목청을 높이니 수진이가 배시시 웃으며 알겠다고 한다. 나는 마음이 안 놓여 더 묻는다.

"수진아, 예쁜 옷은 많니?"

"아뇨. 옷 안 산 지 되게 오래됐어요."

"화장은 하니?"

"안 해요."

"응. 네가 할 일이 많아."

모두 같이 웃는다.

"다들 알겠지만 여기서 예쁜 옷이나 화장은 남에게 잘 보이기 위한 게 아니야. 내 기분전환을 위한 거지. 사실 등신짓의 예쁜 말이 기분전환이기도 해.

네가 그동안 '참 비생산적이야. 시간 낭비야'라고 생각했던 것 중에 할 일이 아주 많아. 굳이 퇴행의 날과 예산을 정하는 이유도 이렇게라도 따로 빼두지 않으면 네가 자신에게 등신짓

(=시간 낭비)을 쉽사리 허용하지 않을 것 같기 때문이야."

3. 지속적으로 하기

"이렇게 자주 말해줘. '나는 쉬어도 돼. 나는 그럴 자격이 있어. 나에게 이 쉼이 꼭 필요해. 이 쉼은 약이야, 약! 나도 좀 살자. 좀 막 살아보자.' 네 귀가 네 말을 똑똑히 듣도록 소리 내서. 스스로 납득이 될 때까지 말해줘."

4. 등신짓 모임 만들기

"등신짓을 도와줄 모임도 조직해. 변화엔 관계가 필수야. 교감과 공감, 지지와 응원의 관계. 번아웃 온 딸들끼리 정기 모임을 만들면 어때? 와인 들고 칵테일 드레스 입고 온라인으로라도 만나는 거야. 그날 실없는 농담 하나씩 준비해오기. 빈둥빈둥 보낸 이완의 시간 자랑하기."

5. 포도 스티커 프로젝트

"문방구에서 파는 100개짜리 포도 스티커 판 있지? 그거 사다 냉장고에 붙여. 100일 목표로 1일 1등신짓해서 등신짓 할 때마다 스티커를 한 장씩 붙여. 오랜 '습'을 버릴 땐 눈에 보이는 양적 기록이 있어야 더 효과적이야.

여기서 더 아프면 진짜 목돈 들어가. 그러니 지금 써. 퇴행의 날만큼은 아주 야무지게 널 위해 보내. 돌아와서 좋은 낯으로 남편과 아이를 대해주면 되니까. 알고 보면 이분들도 힘드셨어, 늘 긴장해서 뻣뻣한 너를 상대하느라. 포도 한 송이가 완성될 즈음이면 더 적극적으로 너에게 '제발 나가서 등신짓 좀 하고 오라' 권할지도 몰라."

## 지친 장녀들의 할 일,
## No.3 운동하기

"운동하기. 거의 모든 사례에 광범위하게 권하는 만병통치약이라고 할 수 있지? 운동은 활력과 생기를 되찾는 가장 쉬운 길이니까. 운동을 하면 우리 수진이는 살아날 거야. 도파민 또는 아드레날린이 나와서 살고 싶어질 거야. 키스할 때 나오는 거랑 똑같아. 매일 키스하는데 안 살고 싶겠니? 지금 남편이랑 매일 키스하진 않지? 그래서 언니도 매일! 하루도 안 빼고! 열심히 운동하는 거야, 살려고!

우리 수진이도 매일 조금씩이라도 도파민 좀 뽑아내보자. 지금은 체력이 안 좋으니 일단 슬리퍼 끌고 나가서 집 주변을 산책하는 것부터 시작하는 거야. 편의점이라도 다녀와. 움직이기만 하면 돼. 대신 매일 나가는 거야.

꾸준히 하는 거야. 점점 먼 편의점으로 점차 강도를 높여 봐. 슬리퍼가 운동화로 바뀔 거고, 걸음이 뜀박질이 될 거고, 30분이 60분이 될 거야. 언니가 신앙처럼 믿는 말이 있어.

'3년 잡고 꾸준히 하면 안 되는 게 없다!'

몸이 노곤해져서 반드시 잠도 잘 올 거야. 수면제가 필요 없어지겠지? 푹 자고 일어나서 바라보는 새 날은 꽤 괜찮을 거야. 꽤 괜찮은 날들을 만들어내는 네 자신은 또 얼마나 괜찮겠니? 우울증 약도 필요 없어지겠지? 그렇게 널 다시 사랑하는 거야.

3년을 꾸준히 했는데도 여전히 약이 필요하다? 그럼 언니한테 와. 3년 환불해줄게. 진짜야. 그만큼 운동은 실패할 리 없는 처방이야."

# 착한 딸에서 쌍년까지

그녀가 파이널 에세이를 가져오기 전까지 나는 좀 걱정을 했다. 늘 참가자를 살피며 응원하는 입장이지만 수진이가 들고 온 가방엔 너무 무거운 것들이 한꺼번에 들어 있었기 때문이다. 트라우마, 수면장애, 우울….

사실 걱정하는 것은 수진의 능력이 아니라 나의 능력이다. 나름 진하게 살아왔지만, 그렇게 알게 된 농도 진한 것들을 부스러기까지 탈탈 털어 나누고 있지만 당연히 아직 부족한 사람이기에. 모임에 찾아온 것이 참가자에게는 어렵사리 내디딘 한 걸음일 텐데 그것이 나의 부족함으로 인해 또 다른 좌절로 이어지지 않기를 늘 기도한다.

그 기도에 변함없이 안도감을 주는 하나의 믿음이 있다면 멈추지 않고 구하는 자는 잠시 부족한 문을 두드릴 수는 있어도 끝끝내 자신만의 답을 구해낸다는 것. 그래서 수진의 에세이가 도착했을 때, 제목만 읽고도 나는 가슴을 쓸어내리며 깔깔 웃었다.

나부터 쌍년이 될 테야

에세이의 후반부에서 수진이는 성공적으로 엄마와 자신을 분리했다.

…설거지는 앞으로 평생 할 텐데 물에 손 넣지 말라던 엄마. 그토록 부지런하게 관절이 모두 닳도록 일했으면서 그때 돈 버느라 우리에게 신경 써주지 못해 미안하다고 말하는 엄마. 성실함과 책임감, 유머, 삶을 낙관하는 힘, 그 밖에 내가 가진 좋은 점이 있다면 모두 엄마에게서 왔을 거라고 생각한다.
마찬가지로 엄마에게서 왔지만 내가 버리고 싶은 것들, 나를 짓누르는 성실함과 책임감, 체면, 눈치, 꾸밈은 사치라는 태도는 차츰차츰 버리기로 한다. 그건 엄마를 부정하는 것도, 내가 나쁜 딸이 되는 것도 아니다.

엄마의 기분이나 눈치를 살피며 미리 생각하고 행동하지 말고 직접적으로 부탁을 받으면 그때서야 '무리하는 건가?' 생각해 보고 OK 하기.
일단 결정한 뒤에는 엄마나 동생들이 어떻게 생각할까는 고려에 넣지 않기.
엄마의 헌신의 일부를 빌려 오늘까지 왔지만, 엄마보다 편안한 삶이라고 미안해하거나 엄마의 삶을 가엾어 하지 않기.

**"완벽한 경계설정이야!"**
**나는 단락마다 감탄했다.**

스무 살 때부터 모토였으나 한 번도 하지 못했던 '지금 여기'를 살기.
결정을 잘 못 내리고 갈팡질팡하는 스스로를 너무 탓하지 말고 조금씩 연습하기. 그것이 삶의 태도가 될 때까지 등신짓에 박차를 가하기.
여섯 살 딸을 두고 "쟤는 쌍년으로 크면 좋겠어" 되뇌지만 말고 나부터 쌍년이 되기.
내 기준으로 아이에게 들이대던 '예의범절', '타인의 시선'이라는 잣대 거두기.

"세상에 나를 돌볼 사람은 오직 나뿐"이라는 말을 매일매일 복창하며 잘 자고, 땀 흘리는 시간을 귀히 여기기.

아이에게 딸기 윗부분을 주고 밑동은 내가 먹는 짓 하지 않기.

여행에서 느낀 자유로움을 지금 뿌리 내린 곳에서도 느낄 수 있게 좋은 장치들을 마련하기.

스스로에게 변명 좀 해도 토닥여주기.

나와 비슷한 공동체 친구들과 일상을 공유하며 바라마지 않던 걷고 읽고 쓰는 삶으로 다가가기.

내 욕망을 내일로 미루지 않기.

죽음에 벌벌 떨지 않으며 생의 모든 순간을 직면하기.

이렇게 어린 수진이를 어루만져 본다.

"아아주 훌륭해!"

마지막 단락은 정말 뭉클했는데, 그 첫 문장이 이러했다.

엄마가 들려주는 어릴 적 나는 모두 세 살이다.

"이 문장은 정말이지 심장을 저릿하게 하더라. 마치 시 제목 같아."

엄마가 들려주는 어릴 적 나는 모두 세 살이다. 동생이 태어나기 전까지 엄마와 나 둘이서 오붓했던 때 "세 들어 살던 주인집 아줌마 화장품을 니가 다 찍어 발라서 엄마가 얼마나 미안했던지", "새 팬티를 입혔더니 '엄마 궁뎅이가 좋다고 방긋 웃어요' 해서 얼마나 웃었나 몰라" 이런 말들. "엄마 몇 번 더 말하면 진짜 100번이거든!" 하고 지겨운 듯 말하지만 결코 질리지 않는 세 살의 나와 서른 살의 엄마 이야기.

내가 나의 딸에게 뭔가를 해줄 때마다 엄마는 말한다. "현이야, 너는 참 좋겠다. 네 엄마 같은 엄마가 있어서." 그런데 사실 나는 엄마가 내 엄마여서 참 좋다. 너무 빨리 어른이 되고 서로 너무 애달파 말하지 못했지만.

"'나는 엄마가 내 엄마여서 참 좋다'라는 말을 못 할 이유가 있을까? 말을 하는 네게도, 듣는 엄마에게도 엄청 치유적일 텐데. 앞으로 이런 말은 자주 해드리자. 대신! 거절의 말도 무람없이 하고."

"네!"

시원스런 대답에 그녀가 마음을 억누르지 않는 새로운 소통법의 세계로 건너가고 있다는 걸 느낄 수 있었다. 그녀는 마지막으로 미진한 것을 털고 싶어 했다.

"그런데… 죄책감이 들어요. 저는 엄마가 정말 열심히 훌륭하게 살아오셨다고 생각하거든요. 그래서 더 죄책감이 드는 것 같아요."

"구체적으로 어떤 죄책감인지 말해볼래?"

"제가 제 자신을 불쌍하게 생각하는 것 자체가. 애쓰면서 살게 된 게 엄마 때문이라고 생각하는 거 자체가…."

"그런 죄책감은 필요 없어. 지금 네가 여기서 하는 작업은 엄마의 뒷담화를 하거나 엄마에게 책임을 전가하려는 게 아니야. 최종적으로 정리해보자.

이 작업은,

하나. 엄마와 너에게 벌어졌던 일들을 객관적으로 바라보고,

둘. 당시에 살아남기 위해 맺었던, 지금은 필요 없어진 비상시 팀워크를 해체하고,

셋. 팀워크를 유지하느라 네가 억눌렀던 '맞는 감정과 감각'을 뒤늦게라도 불러와 너의 내면아이를 충분히 위로하며,

넷. 감정과 감각을 억누른 대가로 얻어낸 생의 자원들로써 억울함을 퉁쳐 보내고,

다섯. 지금부터는 '맞는 감정과 감각'을 지니며 살 수 있도록 자원을 여유롭게 활용하는 동시에,

여섯. 엄마와 새롭게 경계설정을 하는 거야. 이로써 엄마와

더 바람직한 관계로 나아갈 수 있을 테니까 말야. 부모님에 대해서 좋은 말만 해야 한다는 조선시대 억압은 변기에 쏟고 물 내려.

부모와의 관계에서 뒤죽박죽된 부분을 정리하지 않고 대충 뭉개서 '사랑'으로 미화하고 살면 그 잘못된 방식이 다른 소중한 관계에도 고스란히 적용돼. 연인에게, 배우자에게, 특히 자식에게 대물림되지. 불교에서는 이걸 카르마라고 하지? 나쁜 카르마를 끊고 더 나은 삶을 살려면 중간중간 숨쉬기 힘들어질 때마다 멈춰 서야 하고, 그때마다 이렇게 마음을 정돈하는 대청소를 해주어야 해. 그러자면 마음공부를 통해 청소하는 법을 배워야겠지? 우리가 받은 것은 지성이고, 공부하는 사랑이 우리 세대의 소명이니까."

이후 수진이는 운동을 시작했다. 솟아오르는 감정들을 글로 적었고 공동체와 울고 웃는 소통을 했다. 비행기를 못 타게 된 뒤로 내내 '이젠 제주도도 못 간다'고 했던 한탄 대신 제주도행 배편을 예약했다. 엄마에게 무조건 괜찮다고 하지 않았다. 무리해서 뵙지도 않았다. 짬짬이 등신짓도 좀 했다. 쌍년 스티커를 쟁여두고! 그 결과 그녀의 마지막 글 속엔 이런 문장들이 자리 잡았다.

애썼던 10대를 지나고 비탄만 하던 20대를 지나 어른 흉내를 내느라 힘들었던 30대를 넘겨 오롯이 내 마음과 몸을 바라보게 된 지금, 처음으로 생이 두렵거나 이제 그만 끝나버렸으면 하는 게 아닌 무한한 긍정으로 다가온다.

나, 이만하면 열심히 살았다. 다, 괜찮다. 그러니 첫 시간에 썼던 자기소개 문장, "나는 나를 생각하면 눈물부터 나서 곤혹감을 느끼는 사람입니다"는 저 멀리 내던지자.

마지막 문장은 이게 좋겠다.

"나는 이만하면 괜찮은 사람입니다!"

# 세 번 째,

# 민주의 이야기

부모의 꿈을 아이가
대리 성취해주길 바란 경우

## 엄마의 세계 속에서 살던 나

민주도 수진이처럼 엄마의 짐을 함께 나눠 지다가 번아웃이 왔다. 차이점은 수진이가 엄마와 정서적으로만 밀착되었을 뿐 나머지는 모두 혼자서 알아보고 결정하고 감당하느라 힘겨웠다면, 민주는 이러한 과정 없이 엄마의 가치관에 자신의 인생을 완벽히 맞춰드리느라 힘겨웠다는 것.

즉, 질문하는 사춘기 없이 기성세대(엄마)가 정답으로 제시한 인생을 혼신의 힘을 다해 달려왔던 것이다. 몹시 지쳐 더는 달릴 수 없게 되자 그제야 민주는 질문하기 시작했다.

'나 지금 힘든데 그만 달려도 되나?'

'엄마는 계속 달려야 한다는데?'

'다른 사람들도 모두 달리고 있는 것 같은데?'

그녀는 '단 하나의 정답'으로 주어졌던 엄마의 세계를 떠나는 것이 불안했다. 떠나는 게 맞는 건지, 떠난 뒤엔 무엇을 하고 살아야 하는 건지, 도통 알 수 없어서 거대한 혼란에 빠졌다. 민주의 이야기를 들어보자.

아빠는 늘 문제를 일으켰다. 경제적으로 무능했을 뿐만 아니라 툭하면 난폭해졌다. 죽어라 일하는 엄마를 보면서 나는 어리광 같은 건 생각도 하지 못했다. 알아서 잘하는 딸이 되었다. 성적, 대학, 취직, 결혼, 딸아들 고르게 둘을 낳는 출산까지, 제때 제 몫을 하는 것으로 나를 증명하며 살았다. 회사에서도 말 잘 듣고 불만 없이 일해 제때 승진했다. 지금도 부모님의 기대를 저버리지 않으려 노력한다.

그러다 주도적으로 진행하던 회사 일이 잘못되었는데, 자존감이 무너졌다. 우울이 찾아오더니 떠날 생각을 하지 않았다. 남들은 다 잘 지내는 것 같은데 나만 실패하고 있는 것 같다. 매일 '네가 뭘 했다고 힘들어?'라고 자책한다.

나는 나에게 가장 무자비하다. 완벽한 회사원, 완벽한 엄마, 완벽한 아내, 완벽한 딸이 되고 싶어 하는데, 그 완벽의 기준이 내 안이 아니라 남에게 있기 때문에 늘 스스로가 부족하다고 느낀다. 요즘은 상담, 코칭, 책, 사람들의 조언을 통해 문제의 원인을 찾으려고 적극적으로 노력한다.

엄마는 그러신다. “남의 돈 벌기가 어디 쉽니?” 회사를 그만두고 싶지만 그러지 못한다. 생산성 없이 나의 가치를 증명하기 힘들다고 생각한다. 상담사는 마음의 이야기를 들어보라고 하는데 그걸 어떻게 하는 건지 도통 모르겠다. 실패했다는 느낌에서 벗어날 수가 없으면서도 휴직조차 못 하니, 내가 원했던 건 그저 회사를 잘 다니는 인생이었나?

나는 늘 스스로가 부족하다 느꼈다. 왜 그랬을까, 왜 나는 나 자신을 몰아세우지 못해 안달이었을까 생각해보니 가장 바닥에 ‘나는 무가치하다’라는 생각이 깊게 자리 잡고 있었다. 어린 시절 소심하고 조용한 아이였던 나는 친구들 사이에서 존재감이 없었다. 반짝반짝 예쁜 아이들, 혹은 톡톡 튀는 친구들 틈에서 나는 늘 부족하다고 생각했다.
엄마가 그랬다. “공부를 잘하면 친구들이 널 좋아하게 될 거야.” 그렇게 부족함을 가리기 위해 남을 만족시키는 것, 타인의 기대에 부응하는 것, 자신을 왜곡하고 가면을 쓰는 것을 배워나갔다. 사회적 능력이 곧 나 자신이라고 생각했고 그 신념을 유지하기 위해서 안간힘을 썼다. 더 크게 말하고 씩씩하게 웃어야 사람들이 나를 좋아한다고 생각했고 그렇게 행동했다. 이제는 그게 진짜 나인지, 만들어진 나인지 모를 지경이 됐다. 그렇게 강박이 내 인생을 집어삼켰다. 강박은 끊임없이 나를 몰아붙였다. 더 에너제틱하게, 더 유능하게, 더 현명하게, 더, 더, 더…. '더'는 끝이 없었고 나는 단 한 번도 만족스럽게 행동하지 못했다. '그래, 난 역시 안 돼'라는 생각을 강화시킬 뿐이었다. 강박-실패-자책 사이클을 반복하면서 나는 나 자신과 싸우고 있었다. 이제 나랑 그만 싸우고 진짜 나를 만나야겠다는 생각이 들자, 어린 시절 큰 눈을 굴리며 주위를 살피던 일곱 살의 내가 보인다. 이제야 상담사의 말이 조금 이해가 된다.

아이에게는 존재만으로도 충분하다고 말해주는 사람이 한 명도 없었다. 이제 와 부모 탓을 하려는 건 아니다. 그 시절 살아내기만으로도 바쁘고 벅찼던 그들의 삶을 이해하고 받아들인다. 그들이 소외했던 그 어린아이는 내가 직접 위로하고 화해하기로 했다. 나는 어른이니까.

아이에게 말을 걸어본다. "아이야, 너는 그 자체로 소중해. 누군가와 비교하지 않아도 가치 있고 노력하지 않아도 빛나는 존재야. 내가 그동안 너를 모른 척하고 다른 사람인 척 행동해서 많이 아팠지. 미안해. 더 이상 그러지 않을게. 이제 함께 이 아름다운 생을 누리자."

"'남의 돈 벌기가 어디 쉽니?' 이런 말씀 참…. 안 쉽지, 안 쉽지요. 어머니 어디 계시니? 어머니! 안 쉬워요! 저희도 다 알아요!"

내가 목청껏 민주 어머니를 찾자 참가자들이 죄다 웃는다.

"어머니는 분명 위로라고 말씀하신 걸 거야. 일평생 자랑거리였던 딸이 궤도에서 벗어날까 봐 겁도 나셨을 거고. 하지만 이렇게 하나 마나 한 말씀을 번아웃되어 드러누운 딸에게 하시면 한 번 더 드러눕히는 결과를 낳지. 딸이 지금 듣고 싶은 말도 아니고, 딸에게 필요한 말도 아니야.

어머니는 평생 돈을 버느라 고생하셨으니 분명 당신 삶의 맥락 속에서 그런 말씀을 하셨겠지? 하지만 지금 여기 안 계시니 어머니 얘기는 그만. 너에게 집중하자. 민주야, 네가 네 자신에게 하는 말부터 볼까?"

'네가 뭘 했다고 힘들어?'

"아이쿠, 이건 '남의 돈 벌기가 어디 쉽니?'와 사실상 같은 말이야. 야박하기도 해라. 지쳐 드러누운 사람에게 찾아가 '니가 뭘 했다고?' 따져 묻는 장면을 상상해봐. 막장 드라마에서 악역이나 칠 대사지? 그런데 그걸 다른 누구도 아닌 네가 네 자신에게 하며 살아왔네. 가엾기도 해라.

이렇게 자신을 당나귀처럼 계속 채찍질해가며 살아갈 수는 없어. 온 세상이 너를 당나귀 취급한대도 너는 벌떡 일어나 '아니야, 난 사람이라고!' 자신을 위해 싸워줘야 할 판에 너는 스스로를 열심히 당나귀 취급해왔구나.

고맙게도 네게 번아웃이 왔어. 정말이야, 이건 고마운 일이야. 당나귀가 사람이 될 수 있는 좋은 기회! 네 내면의 사람답고자 하는 힘이 여태 죽지 않고 살아남아서 '나는 당나귀가 아니라고!'라고 외친 거야. 넌 늘 내면의 소리를 들어주지 않았기 때문에 당장 회사일이 안 풀리는 것만 큼지막하게 보였겠지만 내면에서는 이런 큰 외침이 있었던 거지. 중세에서 르네상스로 넘어갈 때처럼 '민주의 역사'도 한 시대가 끝나고 새로운 시대로 거대한 이동을 하고 있는 거야. 바로 지금. 실패하고 있는 게 아니라 변화하는 거지."

제때 제 몫을 하는 것으로 자신을 증명하며 살았다.

“참 애썼어. 그런데 제때 제 몫을 다했건만 네 삶이 단단하지가 않네? 고작 프로젝트 하나가 뜻대로 안 되었을 뿐인데 아예 무너져버렸네? 그렇다면 그동안 네가 하나씩 성취한 것들은 무슨 허깨비였을까? 여기서 ‘제때’ 와 ‘제 몫’의 기준은 누가 설정했을까? 즉 네가 달리는 동안 너의 내적 동기는 얼마나 작동했을까? 네가 성취한 것 중 어떤 것이 오롯이 너의 것일까?”

“수진이의 사례에서 언급했듯이 엄마와 너의 특별한 팀워크는 비상시에 형성되었던 거야. 그러니 민주야, 지금 주변을 돌아보렴. 엄마도 너도 낭떠러지에 서 있지 않지? 안전하지? 팀은 해체되어야 하고 너와 엄마는 서로 자유로워져야 해.

비상시 팀의 리더는 엄마였어. 너는 어시스트로서 엄마가 정한 목표를 네 목표로 삼았을 거야. 이제 그 ‘어시스트로서의 나’가 말을 안 듣는 거야. 등짐을 진 채 앞만 보고 묵묵히 걷던 이 당나귀가 한 번 세게 넘어지고 나서야 주변을 둘러볼 말미를 얻은 거지.

‘어? 여긴 어디지? 풍경이 달라졌는데?’

'과연 내가 일어나 같은 등짐을 짊어져야 하나?'

의구심이 들기 시작한 거야. 질문하기 시작한 거지. 르네상스의 시작이야. 그럼에도 너는 팀에서 나갈 수가 없어. 그동안 엄마가 정해준 '제때'와 '제 몫'으로 자신의 가치를 판단했고 엄마의 인정을 성공의 기준으로 삼아왔으니 이 팀에서 나가는 순간 무엇을 기준으로 살아가야 할지를 모르겠거든. 예를 들어 이 부분을 보자."

상담사는 마음의 이야기를 들어보라고 하는데 그걸 어떻게 하는 건지 도통 모르겠다.

"모르는 게 당연할 거야. 당나귀는 남이 시키는 걸 하지, 내면의 목소리 따위 듣지 않거든. 네 글을 보면 계속 남 얘기를 하고 있어. 부모를 포함해서 남들 눈에 네가 어떻게 비칠지에 대해, 남들이 정해놓은 기준에 부지런히 널 맞추는 것에 대해, 너보다 남들이 잘 사는 것에 대해. 네 눈은 바깥으로만 향해 있고 그 시선은 정확히 엄마에게서 가져온 거야.

우리는 어릴 때 주로 가정에 머물면서 부모의 가치관을 내 것으로 삼아. 자연스러운 일이지. 하지만 사춘기가 되면 사회생활을 활발히 하면서 가정 바깥의 것들을 내 가치관으로 들여와. 기존에 부모가 심어준 가치관에 질문하고 의심하기 시작하지. '그게 다는 아니잖아요?' 부모에게 반발도 하면서. 이 역시 자연스러운 일이야.

성인이 되어서는 더 적극적으로 버릴 건 버리고 새로운 가치들을 주체적으로 삶 속에 들여. '어? 부모님이 여기다 말뚝을 박아놨네? 이제 보니 이건 내 게 아닌데?' 그러면 낑낑거리면서도 그걸 뽑아내 버릴 줄 알아야 해. '내가 가정을 꾸린다면 이런 말뚝은 절대 심어놓지 않겠어' 하면서 독자적인 미래를 계획할 줄도 알아야 하지. 그것이 마음의 이야기를 경청하는 과정이고 나만의 가치관을 완성하는 과정이야. 그런데 이걸 봐."

지금도 부모님의 기대를 저버리지 않으려 노력한다.

"아이고, 할 만큼 다 했구만 여기서 뭔 노력을 더? 뭘 더 저버릴 수가 없어? 넌 이미 너무너무 훌륭해. 부모님은 이제 더 기대하시면 안 돼. 그리고 어떤 기대를 하신다 해도 그게 네게 영향을 미쳐선 안 돼. 그건 그저 그분들의 일방적인 바람인 거야. 너는 성인 자식으로서의 기본적인 도리, 평소에 안부 챙기고, 명절에 찾아가고, 도와드릴 일이 생기면 정보든 돈이든 성의껏 드리고, 그 정도만 하면 돼.

자식이 성인이 되어 원가정을 나오는 순간 모든 부모는 기대를 멈출 의무가 있어. 기대가 있더라도 입 밖에 내지 않고 조용히 마음속에서 삭이고 버려야 할 의무, 자식이 제 뜻대로 제 인생을 살게 둘 의무. 대신 부모는 다시 자신의 인생에 홀가분하게 집중할 권리를 되찾는 거지. 자식이 성인이 되면 부모와 자식은 서로 동등해지는 거야. 서로 다른 성인들이 나란히 사는 거야. 서로 다른 집에서, 서로 다른 삶의 방식으로!

혹시라도 부모님이 동등함에 대한 존중이 없으실 때는 '제가 그리 오랜 세월 부모님의 삶의 방식을 존중해드렸으니 이제부턴 제 삶의 방식을 존중해주셔야 합니다' 말해야 해. 그런 경계를 명확히 지을 수 있어야 내가 내 삶의 주인이라고 할 수 있어.

너처럼 사춘기 때 부모님께 고분고분했던 친구들은 부모님께 큰 착각을 심어드린 거야. '우리 애는 다른 (반항하는) 애들과 달라.' 다르긴 뭐가 달라? 자신을 억압하며 맞춰드린 것뿐이지. 그러느라 제때 독립적인 자아를 형성하지 못했고 뒤늦게 중년의 위기를 징하게 겪는 거지.

자, 우리 민주는 엄마와의 경계설정이 시급해. 인생의 새로운 가치관도 시급하고 그 가치를 함께 실행해줄 새 친구들도 시급해. 지금 네 곁에 있는 사람들은 '당나귀로서의 너'가 필요해서 있는 사람들이거든. 정체성을 바꿀 때 물갈이는 필수!

감이 오니? 너는 수진이와 많은 점에서 유사해. 가정의 어려움도, 그것을 극복한 방식도. 다만 수진이가 지방에서 태어난 장녀로서 모든 것을 처음부터 알아서 해내야 했다면, 너는 도시형 장녀로서 엄마의 밀착 가이드를 충실히 따랐다는 점이 달라. 수진 역시 엄마와 팀워크를 해체하지 않은 상태였지만, 그것은 정서적인 영역에 한정되어 있었어. 사직, 이직, 휴직 같은 생의 굵직한 선택권은 그녀에게 있었지. 내가 수진이에게 네 인생은 오롯이 너의 것이라는 긍정의 지점을 언급한 것도 그래서야."

## 카르마 끊는 법

"이제부터 우리 민주도 '내 인생은 나의 것'이 되도록 힘써 보자. 그러기 위해 수진이와 겹치는 부분은 건너뛰고 곧장 〈치유의 3단계 매뉴얼〉 중 세 번째 단계인 경계설정으로 가서 실천 가능한 목표와 방법을 하나씩 짚어볼 거야."

경계설정 엄마로부터 독립한다

목표 내 인생은 나의 것

방법 1. 선언하기

2. 교감하기

3. 1일 1정의하기

4. 놀기

1. 선언하기

"세면대 거울에 써 붙여. '나는 당나귀가 아니다!' 더 이상 당나귀를 정체성으로 삼지 않겠다는 매일의 선언이야. 당나귀를 움직이게 했던 건 제3세계에서 먹혔던 외적 동기들. 그 시절을 성공적으로 벗어난 자신을 치하해주고 이젠 새 시절에 맞게 대접해줄 차례야. 선진국이 됐는데 자꾸 후진국 때 했던 '남의 돈 벌기가 쉽니?' '밥 먹고 사니 고마워해야지' 이런 얘기하면 요즘 애들 안 움직이지? 마찬가지야. 너도 이제 선진국에서 하는 것들을 해줘야 새롭게 동기부여가 될 거야. 그게 뭘까? 배부른 뒤에 하는 것들이지. 바로, 교감하기."

2. 교감하기

"그 누구보다 너 자신과 교감해야 해. 엄마와의 교감을 끊고 너 자신과."

"그걸 못 하겠어요."

"그래, 힘들 거야. 네 글을 보면 감정의 어휘가 극도로 적어. 감정을 억압하며 살아왔으니까. 감정과 감각의 어휘가 적은 사람치고 행복지수가 높은 사람은 드물어. 지금부터 물고기를 강물에 풀어놓듯 감정을 풀어주는 훈련을 해보자.

하루에도 몇 번씩 〈스톱 앤 필Stop and feel〉 시간을 가져. 말 그대로 멈추고 느끼는 시간. 이를테면 커피 한 잔을 마실 때, 밥을 한 술 떴을 때, 잠시 창문을 닫으러 베란다에 나가 섰을 때, 블라우스를 걸쳤을 때, 현관문을 닫고 집을 나설 때…. 30초면 돼. 하던 걸 멈추고 숨을 깊이 들이마시며 몸을 이완시켜. 네 감정과 감각을 헤아려주는 거야.

'아, 내가 지금 불안하구나.'

'지금 들떴구나.'

'명치가 저릿하구나.'

'어깨가 뭉쳐 뻣뻣하구나.'

묶여 있던 감정과 감각들이 존재감을 알리도록 허락해줘. 그들이 너를 노크하면 문을 열어주고 잠시 머물게 하는 거지. 그리고 반응해줘.

'아, 내가 지금 불안하네. 그럼 뭘 해줘야 할까?'

'차분한 음악을 들어야겠다.'

이게 나 자신과 소통하는 법이야. 말을 하게 하고, 말을 하면 들어주는 것. 아이를 키울 때도 마찬가지지? 아이가 말을 했는데 엄마가 들어주지 않으면 아이는 엄마에게 입을 꾹 닫고 점점 멀어지지? 너도 그런 식으로 자신과 멀어진 거야. 지금부턴 하루에도 여러 차례 의식적으로 내게 말할 기회를 주고 그 말을 들어주는 거야.

대충하고 넘어가지 말고 감노트에 꼼꼼하게 기입하고 관찰하기 시작하면 훨씬 효과적일 거야.

'오늘 내가 우울을 느꼈는데, 그때 뭘 해줬지?'

'밥이 없어서 밥을 했구나. 그렇게 대충 덮어버렸네!'

'다음엔 이럴 때 뭘 해줄까?'

'친구에게 전화해서 커피 마시자고 해야겠다.'

실제로 이런 내용을 적다 보면 다음엔 같은 상황에서 곧장 친구에게 전화할 수 있어. 친구를 만나서는? 당나귀에겐 놀이가 필요해. 놀이를 통해 사람으로 거듭나야 해. 등신짓과 등신짓 공동체, 알지?

네가 자신과 교감하기 시작하면 아이와 남편과도 더 수월하게 교감할 수 있을 거야. 그동안 앞만 보고 달리는 너랑 사느라 이분들도 숨찼어! 네가 생산성의 긴장을 늦추는 만큼 네 가정도 이완될 거야. 그 틈으로 웃음과 여유가 스며들겠지? 이 가정의 엄마는 아이가 지쳤을 때 '남의 돈 벌기가 쉽니?'라고 할까? 아니면 자신만의 지혜 어린 경험담을 들려줄까? 카르마는 그렇게 끓는 거야."

3. 1일 1정의하기

"화이트보드를 하나 사. 그리고 매일 새로운 정의definition를 하나씩 내려보는 거야. 이 부분을 보자."

생산성 없이 나의 가치를 증명하기 힘들다고 생각한다.

"허허. 그런데 첫날 자기소개 시간에 '나는 삼성전자 부장이다' 같은, 이력서에나 쓸 내용은 쓰지 말라고 했으니 네가 얼마나 당황했겠니? '회사=나'인 사람인데. 그래서 그때 뭐라고 썼지?"

"회사를 지우고 난 뒤에 내가 누군지 알고 싶다."

"좋았어! 즉각 알아들었구나. 너의 거대한 장점이 여기에 있어."

상담, 코칭, 책, 사람들의 조언을 통해 문제의 원인을 찾으려고 적극적으로 노력한다.

"이 적극성! 이 열린 태도! 앞으로 벌어질 모든 좋은 일은 이 장점에서 비롯될 거야. 그렇기에 마지막 부분을 새롭게 점검해볼 필요가 있어."

실패했다는 느낌에서 벗어날 수가 없으면서도 휴직조차 못 하니, 내가 원했던 건 그저 회사를 잘 다니는 인생이었나?

"회사에 안 다니면 실패한 인생인가? 그럼 난 폭망했는데. 민주는 성공한 인생의 정의가 뭐니?"

"건강하고 행복한 거… 라고 생각하는데, 지금 그렇게 못 살고 있죠."

"그럼 건강하기 위해서 뭘 해야 하지? 행복하기 위해서 뭘 해야 하지? 이런 질문들을 네게 던져봐야 해. 계속 질문하면서 나만의 정의를 만들어나가는 거야.

화이트보드는 온 가족이 볼 수 있는 곳에 둬. 가족 모두 네가 새롭게 형성해가는 가치관을 공유할 수 있도록 말야. 때때로 아이나 남편이 이야기를 보태면서 보다 완전한 정의를 만들 수도 있을 거고, 그들 역시 자신만의 정의를 옆에 같이 적어보면서 자신의 내면을 드러낼 수도 있을 거야.

'가족문화'라는 건 한 날 한 시에 마법의 궁전처럼 펑! 탄생하는 게 아니야. 이렇게 조금 쑥스럽더라도 용기 있게 드러내는 내면 위에, 또 다른 사람의 내면이 다정하게 포개지고 융화되면서 골조부터 하나씩 세워가는 거야. 시간이 걸리지. 튼튼한 궁전이 될 때까지.

'1일 1정의하기'로 돌아가서 성공한 인생의 예를 들어보자. '건강한 것.' 그럼 '건강이란 무엇일까?' 질문해보고, '몸부터 튼튼한 것'이다 싶으면 그렇게 보드에 적어. 네가 성장하면서 정의도 진화하는 거니까 지금 당장 그럴싸한 정의가 아닌 것 같아도 부끄러워하지 말고 일단 적어. 그러고 나서 구체적으로 할 일은 무엇일까도 생각해보는 거야. 요가하는 여자가 건강해 보였으면 '요가 시작' 이렇게 적는 거지. 엄마와 통화하고 나면 매번 멘탈이 흔들린다 싶으면 '건강=엄마와 거리를 유지하는 것'이라 적고 구체적으로 '일주일에 한 번만 전화하기'라고 적어.

행복에 대해서도, 성공에 대해서도 계속 정의를 생각하고 적어봐야 해. 철학하는 거지. 명료해질 때까지 질문하는 것. 사춘기 때부터 시작했어야 할 일이야. 당나귀에서 인간이 되는 데 꼭 필요한 과정이야. 이제 넌 인생의 내적 전성기를 맞는 거지. 르네상스. 이미 나이도 있고 경험한 바도 많아서 처음만 어렵지 가속도가 붙으면 속속 정의를 내릴 수 있을 거야. 어떤 날은 하루에도 열 개씩.

'나이 마흔에 사춘기라니? 너무 늦었어!' 그런 생각 말고 즐기면서 해봐. 엄마의 정의를 버리고 너의 정의를 찾는 일, 생각보다 재미있을걸?"

4. 놀기

"다음 절차는 노는 거야. 비생산성의 생산성을 발견하는 거지. 요즘 네 생활 속에서 '비생산적'이라고 생각하면서 하는 건 뭐가 있니? 등신짓을 위해 돈과 시간 좀 써주고 있어?"

"비생산적인 거요? 여행 다니는 것 좀 해주고 있어요."

"좋지! 한 달 살기, 배낭여행 등 점점 수위를 높여가며 해봐. 그게 아마 앞으로 너에게 엄청 생산적일 거야."

민주가 의아한 표정을 짓는다. 등신짓이 필요한 것까진 알겠는데, 그렇다고 그게 생산적일 거라니?

"네가 바깥에 놓인 것들만 보고 달려가다가 번아웃이 왔잖니? 이제부턴 그동안 뽑아 쓴 것을 채워 넣어야 해. 그런데 여행은 내면을 채우기에 아주 좋은 활동이거든. 그런 의미에서

'지금' 네가 비생산적이라고 생각하는 것들을 하는 것이 장차 네게 엄청난 생산성을 가져다줄 거란 뜻이야.

물론 네가 너만의 정의를 잘 내리게 된 뒤에는 지금 네가 비생산적이라고 생각하는 것들이 자연스럽게 생산적인 것들의 목록으로 옮겨 앉아 있을 거야. '내가 왜 전에는 이걸 비생산적이라고 생각했지?' 의아할 정도일걸? 짐만 져 나르는 당나귀에서 내면을 가꿀 줄 아는 사람으로 성장한 것이지."

"지금 가장 비생산적인 것은 회사를 관두거나 휴직하는 거죠? 그걸 못 하겠어요. 너무나 관두고 싶은데 첨엔 돈 때문인가 생각했어요. 더 깊이 생각해보니 꼭 그것 때문은 아닌 것 같아요. 그걸 왜 못 하는지, 어떻게 하면 할 수 있는지, 요즘 저의 가장 큰 고민이에요. 도저히 결론을 못 내겠어요."

"대뜸 퇴사부터 결정하진 말고 휴직부터 생각해보자. 먼저 '휴직을 못 하는 이유'를 한 번 쭉 적어봐. 그리고 거기서 엄마의 시선으로 적은 이유를 다 지워봐. 네 내면의 목소리가 있나를 확인해보는 거지.

그다음 '휴직을 해야 될 이유'를 적어봐. 아직 대부분 빈칸일 거야. 하지만 여행처럼 네가 비생산적이라고 생각하는 것들을 하면서 그 맛을 알아가면 점차 빈칸이 채워질 거야. 휴직을 해야 할 이유가 늘어나는 거지. 예를 들어 수진이는 장기여행을 해봤기 때문에 힘들 때면 그 여행이 떠오르고 다시 장기여행을 하기 위해 회사를 그만두는 결정도 할 수 있었어. 넌 아직 해본 것들이 많지 않기 때문에 힘들 때에도 딱히 하고 싶은 것이 없이 그 자리가 빈칸으로 있는 거거든.

해봐야 알아. 비생산적이라고 네(사실은 엄마)가 함부로 규정한 것들이 무엇인지, 그것의 본래 의미는 무엇인지, 모두 해봐야'만' 알아. 바닷가 방갈로에 몸을 이완시키고 누웠을 때에야 찾아오는 평화, 그때 스스로에게 가져다준 보살핌이 미더워서 터지는 자기신뢰의 따스한 눈물…. 해본 사람만이 얻어내는 진정한 '앎'이지. 그 앎을 토대로만 우리는 다시 자신을 신뢰하면서 휴직을 결정할 수 있고 바닷가에 가서 누울 수가 있어.

바닷가 방갈로가 너무 멀면 좀 더 가까운 예를 들어볼까? 네가 집 앞 학원에서 피아노를 배운다 치자. 이것 역시 얼마나 비생산적이야? 네 나이에 피아니스트가 될 것도 아닌데. 그런데 네가 어느 순간 연주에 감정을 실으면서 가슴이 뭉클해질 때가 있을 거야. 그 느낌, 자기 자신과 굉장히 가까이 닿아 있을 때만 느낄 수 있는 그 감동, 해봐야 알지.

'바닷가에서 한 달 살기.'

'베토벤 소나타 연주하기.'

이런 것들로 빈칸을 채울 수 있어야 해. 이것들이 네가 휴직하고 싶은 진짜 이유(내적동기)가 되어야 해. 아직 대부분 빈칸이니 먼저 휴직을 못 하는 이유부터 적고 거기서 엄마의 목소리만 빼 보라는 거야.

'생활비를 절반으로 줄여야 한다.'

'아파트 융자가 남아 있다.'

이렇게 적다 보면 전부 엄마의 목소리일 수 있어. 그럼 그것만으로도 매우 충격적이어서, 그것이 도리어 네가 휴직을 꼭 해야 할 이유가 될 수도 있어. 여기까지, 이해가 안 되는 부분 있니?"

"아니요."

민주는 특유의 적극적인 자세로 눈을 빛내며 고개를 저었다.

"그래, 민주는 일단 해보는 게 중요해. 거의 신생아야. 뭐랄까, 놀이계의 신생아? 놀 게 너무 많아. 엄마가 하라는 대로만 하고 살았으니 저축도 충분히 해놨을 거고, 언니보다 훨씬 부자일 게 분명해. 살아 보니 돈보다 중요한 게 세상엔 참 많아.

돈이란 제아무리 많아도 충분하다 느껴지지 않는 반면 적으면 적은 대로 또 어떻게든 살아지거든. 그러니 쓰면서 놀아. 아마 '내가 이미 놀이동산에 당도해 있었는데도 여지껏 제3세계의 당나귀처럼 살았구나' 할 날이 올 거야. '이걸 이제야 알다니 억울하다' 이럴 날도 올 거야. 그걸 끝끝내 모르면 네가 100살까지 살고 기업 사장이 되어도 아무 소용이 없는 거야. 나와 교감하는 기쁨을 모르고 생을 즐기는 법을 모르면, 그냥 남의 인생 대리로 살다 가는 거야. 일평생 시키는 대로 짐 나르는 당나귀로."

# 우리는 놀이계의 신생아다

**민주의 파이널 에세이는 다음과 같이 시작했다.**

"엄마, 나는 엄마랑 많이많이 닮았지?"
딸이 매일 묻는다. 나는 딸에게 자주 나를 투영한다. 나와 외모가 똑 닮기도 했지만 성격도 비슷한 부분을 찾을 때면 매번 흠칫 놀란다. 훗날 나처럼 많이 아프지 않기를 바라는데 혹여 그럴까 걱정이 된다. 지금까지와 다른 삶을 살아야 내가, 내 딸이, 우리 가족이 행복할 수 있다는 생각에 다다랐다. 나는 딸에게 해주고 싶은 것을 나에게도 해주기로 했다.

"그렇지! 지금부터, 나부터 잘해야지!"

나는 환호했다.

아이들에게 늘 물어보던 "오늘 뭐 하고 놀까?" 이 말을 나에게도 매일 물어보기로 한다. 순간향유능력이 뛰어난 사람이 행복도가 높다는 언니의 말을 새긴다. 더 이상 과거의 후회와 미래의 걱정에 발목 잡히지 않고, 지금 이 순간 재미있는 궁리를 하며 오늘을 살아야지.

"아주 좋아! 그래야 오늘 하루를 버는 거야. 매일 하루를 빼앗기거나 잃어버리는 것이 아니라 내 것으로 만들면서 사는 거야."

민주는 구체적으로 계획을 나열했다.

자연이 위안이 되게 할 것. 나는 도시에서 나고 자랐다. 어린 시절의 풍경은 신도시 특유의 길고 곧게 뻗은 도로로 푸근함이나 따뜻함을 느낄 순 없었다. 아이들에게, 그리고 새로워진 나에게 자연이 주는 위안을 선물하고 싶다. 캠핑과 여행으로 더 격렬하게 초록을 찾아다닐 생각이다.

바보스러움을 마음껏 발산할 것. 아이와 함께 웃는 엄마가 되고 싶다. 바보스러움을 내뿜는 것만으로 진짜 '바보'가 된다고 생각했는지 늘 진지하고 예의 바르게 굴려고 노력했다. 그랬더니 유머도, 장난기도, 가벼움도 사라졌다. 삶의 재미를 되찾기 위해서 유머가 세상을 구원한다는 말을 믿어보기로 한다.

"다 좋아!"

그녀의 '다 좋은' 에세이는 놀라운 생동감을 지닌 채 이렇게 마무리된다.

길게 뻗은 나무와 우거진 초록이 한창인 여름, 바닥이 반사되어 마치 파란 물이 찰랑찰랑 가득 찬 것처럼 보이는 수영장. 나는 물을 향해 돌진하고 있다. 세상의 신남은 다 내 것이라는 듯, 한껏 들뜬 표정으로. 다다닥 뛰어와 물에 닿기 직전 도움닫기를 한다. 있는 힘껏 날아올라 몸을 물에 던져넣는다. 내 즐거움에 맞장구를 치듯 물방울이 사방으로 튀고 모두가 깔깔 웃는다.

물에 첨벙! 들어가는 순간 내 마음의 폭죽이 같이 터진다. 평소 같으면 아이들 노는 모습을 물 밖에서 지켜봤을 내가 이렇게 신나게 놀 수 있다니! 속이 다 시원해진다. 이게 언니들이 말하는 자유로움인가? 그래, 눈치 보지 말고 망설이지 말고 여름엔 물놀이를, 겨울엔 신나게 눈싸움을 하자. 엉뚱함과 바보스러움을 보여도 되는 내 사람들이 곁에 있지 않나? 마음껏 순간을 즐기면서 살자.

"아주 좋아! 그런데 이거 너무 당연한 거야. 여름에 물놀이 안 하고, 겨울에 눈싸움 안 하면 대체 뭘 하나? 대놓고 실컷 할 수 있는 것이 아이를 키우는 사람의 특권이야. 지금 언니가 눈 오는 날 남편하고 둘이서 눈싸움을 하려고 해봐. 음, 못 할 건 없어. 우린 해. 근데 장담해. 아이와 함께하는 것처럼 재미있진 않을 거야. 아이는 유희의 천재니까.

아이가 있는 사람들은 언제 어디서나 천재를 대동하고 유희를 즐길 수 있는 특권을 지녔어. 마치 물리 수업을 들으려고 앉아 있는데 아인슈타인이 선생님으로 들어와서 가르쳐주는 것과 같아. 천재의 특강! 이 특권은 생의 한 시기에 잠깐만 주어져. 예전에 '아이를 키우는 건 유년을 두 번 사는 것'이라고 쓴 적이 있어. 민주도 유년을 다시 살면서 애어른 노릇하느라 못 누렸던 놀이를 실컷 해보는 거야. 아이와 아이처럼 노는 사이 네 유년의 상처나 억압은 치유될 거야. 못 해본 것에 대한 갈망도 사라지겠지.

놀기 시작하니 벌써 네 문장들이 말랑해졌어. 감정과 감각의 어휘들이 등장했어. 느끼도록 허락하고 편안하게 느끼고 있어. 앞으로 이런 말랑함이 점점 늘어날 거야. 감성, 마음, 의미…. 이런 것들이 곧 뒤따라 붙을 거야. 새로운 세계에 발을 디뎠어. 문화와 예술의 세계. 이 세계에서는 즐길 게 엄청나게 많지. 네가 그동안 소위 '삼성전자 부장'으로 살았다면 그때 '다 가진 자'로 사는 줄 알았다면, 이 새로운 세계에서 알게 되는 건 '내가 그동안 정말 없이 살았구나'일 거야.

그런 깨달음이 매순간 희열로 다가올 거야. 사실 늙은 언니는 되게 부럽기도 하다. 신생아인 네가, 즐길 거리가 떼로 남은 네가, 거기서 열릴 무한한 가능성이. 네가 그 세상에서 낚아오는 게 무엇이든지간에 네가 누리는 만큼 온 가족이 함께 누리게 될 거야. 너는 가족의 중심에서 모두와 가장 긴밀하게 네트워킹하는 사람이니까.

마지막으로 번아웃 위기에 있는 모든 사람들에게 꼭 들려주고 싶은 이야기가 있어.

언니의 남미여행기 《안아라, 내일은 없는 것처럼》을 보면 훌리오 세자르라는 사람의 이야기가 있어. 페루의 한 오아시스 마을 와카치나에서 만난, 당시 스물여섯 살의 청년이었어.

훌리오는 내 아들 중빈이가 일기장을 펼치자 서슴없이 다가와서 사막과 오아시스를 그려주었어. 어디서 그림을 배웠느냐고 물었더니 뜻밖에도 긴 이야기를 들려주었어.

‘나는 아마존의 마치겡가 부족의 일원으로 태어났어. 정글 깊숙이 쳐들어오는 문명 앞에서 내 어머니는 더 이상 채집과 수렵으로 생계를 유지할 수 없었어. 자식들과 함께 도시로 나와 식당에서 허드렛일을 시작했지. 가난은 그런대로 견딜 만 했는데 문제는 도시에서 생긴 의붓아버지였어. 그는 거칠고 폭력적인 사람이었거든. 특히 자기 뜻대로 움직여주지 않는 큰아들, 나를 가장 미워했지. 의붓아버지를 피해 군에 입대했어. 제대하고 나니 열입곱 살이었는데, 의붓아버지가 있는 집으로 돌아가지 않았어. 무전여행으로 남미대륙을 떠돌기 시작했지. 여행을 통해서 다양한 외국어를 익혔어. 공예품 만드는 법도 익혀서 만들어 팔았고, 벽화도 그렸어. 다양한 전통 악기도 배워서 연주했지.’

대단하지? 우리가 교실에 앉아서도 제대로 배우지 못하는 것들을, 그는 돈을 벌어 끼니를 해결해야 하는 빈털터리 여행 중에 배운 거야. 이 멋진 청년에게 내가 물었어.

'네 아들이 너처럼 열입곱 살에 홀로 장기여행을 떠나겠다고 하면 뭐라고 해줄 거니?'

'이 말을 해줄 거야. 아들아, 인생을 살아가려면 균형이 중요하단다. 너무 선하면 안 돼. 때에 따라 No라고 말할 수 있어야 하니까. 너무 악해서도 안 돼. 때에 따라 베풀 줄 알아야 하니까. 사막의 모래언덕을 보렴. 빛과 그림자가 만나 정확한 경계를 이루지. 여행이란 꼭 그 경계를 따라 걷는 일과 같아. 새로운 경험들에 도전하면서 밝음과 어둠, 그중 어느 쪽으로도 치우치지 않고 균형 있게 걷는 법을 배우는 거지. 새로운 도전은 언제나 새로운 지평을 열어준단다. 네가 존재조차 알지 못했던 지평을 말이야. 그러니 어서 떠나거라. 벌떡 일어나 걸어. 울기도 하고 웃기도 하고 필요하다면 주먹질도 해. 다가올 일들에 너를 던져. 언젠가, 후우, 큰 숨을 내쉬며 마음의 평화를 느낄 때까지.'

난 입을 떡 벌렸지. 나이 든 현자나 할 수 있는 말들이 고작 스물여섯 훌리오의 입에서 쏟아져 나왔거든. 그런데 말이야, 결국 언니도 세계여행을 끝내고 나니 딱 한 마디가 남더라고.

균형.

신기하지? 우연의 일치였을까? 모래언덕을 한번 보자. 산맥처럼 이어져 있지? 한쪽은 빛으로 빛나고 다른 쪽은 그늘져 있어. 모래언덕이 아름다운 건 빛과 그늘이 정확히 반반씩 어우러졌기 때문이야. 거기 그늘이 없다고 생각해봐. 그냥 평면이야. 절대 멋지지 않지.

우리 인생도 마찬가지야. 빛과 그늘이 있고, 그래서 아름다운 거야. 지금 수진이와 민주는 그늘 속에 들어가 앉은 거고. 우리 생에는 빛 속에서 최고 속도로 달리는 시간이 반드시 필요하고, 그림자 속에 들어앉아서 지친 나를 위로해주는 시간도 반드시 필요해. 두 개가 다."

# 빛과 어둠, 둘 다를 사랑하게 된다면

"한국에서는 밝은 곳을 달릴 때는 잘한다, 잘한다 호들갑스레 추켜세워주면서도 어둠에 앉아 쉬는 시간의 필요성에 대해서는 아직 공감을 잘 못해줘. 실패와 낙오의 시간으로 인식하지. 우리 위 세대는 극단적으로 쉬는 시간을 거의 죄악시했고 지금 우리 세대는 그 중요성을 배워가는 단계에 있어.

좋은 소식을 말해줄까? 양면이 '똑같이' 중요하다는 것을 의식하면서 가잖아? 그래서 적절히 모래언덕의 양쪽을 오가며 균형을 잡잖아?

후회 없는 생을 살아.

'아, 지금은 어둠에 들어가서 날 좀 위로해줄 시기인 것 같아.'

'오, 지금은 좀 달려줄 때야!'

두 주기를 능란하게 조정하면서 살게 되거든. 이 방에 있는 사람들은 다 그렇게 될 거야. 왜냐면 이미 어둠의 중요성을 알고 여기에 왔기 때문에. 지금 우리가 하는 작업이 유년의 어두운 기억들을 더듬고 있는 거잖아. 그것을 다루는 법을 연마하고 있잖아.

한 번 안 것은 지울 수가 없는 거야. 다음에 비슷한 상황에서 어둠과 소통했던 이 경험을 활용할 것이고, 결국은 능란하게 빛과 어둠을 다루는 날이 올 거야. 그러느라 좀 더디 갈 수는 있어. 하지만 그렇기에 섣불리 중도하차하는 일은 없을 거야. 노년에 뒤돌아보면 아주 아름다운 음양의 모래언덕이 내 뒤에 유장한 산맥처럼 펼쳐져 있음을 알게 될 거야.

수진이도 민주도 처음엔 번아웃이 와서 당황했지만 지금 이 순간이야말로 너희들이 인생의 주인이 되는 과정을 충실히 겪는 중이란 걸 알게 되었잖아. 지금은 쉴 때, 지금은 달릴 때, 이런 것들을 자각하며 내 인생을 능란하게 주도하는 여정을 시작했으니, 좋은 소식 맞지?

좋은 소식이 또 하나 있어. 우리가 균형을 잡을 줄 알게 되면 말이야. 빛과 어둠, 둘 다를 사랑하게 돼. 이를테면 민주 같은 경우는 밝은 데서 달리는 것만 너무 많이 했고 그것 외의 것이 무슨 의미가 있는지 알지 못했잖아? 지금 어둠 속에 있으니 실패했다 생각했고.

그런데 언젠가 똑같이 사랑하게 돼. 그늘이 양지를 만드는 거고, 양지가 그늘을 만드는 거란 것. 그늘 속에 앉아 있던 시간이 나를 다시 달릴 수 있게 하고, 숨차게 달린 나는 그늘의 안식 속에서 시간을 보내야 한다는 것. 그늘과 양지가 서로에게 얼마나 필요한 것인지, 그것들이 꽉 맞물린 채 어떻게 서로를 완성해가는지, 이것을 이해하면서 점차 무한 긍정에 이르러. 차별하지 않는 거지. 어둠 속에서도 '아, 이것도 참 좋구나. 나는 지금 잘하고 있어. 내게 필요한 걸 해주고 있어' 믿고 안도하고 예비할 수 있어. 회사를 안 다닌다고 해서 '나는 왜 이 모양이지?' 하는 그런 단순한 차원의 생각이 아니야."

참가자들은 깊이 생각에 잠긴 얼굴이 되었다. 바위를 집어 던지고 난 뒤 삶은 어떤 방식으로 다르게 작동할까? 민주가 마지막으로 보내온 글이 그 한 가지 방법을 알려준다.

나는 어떻게 놀지 매일 궁리하는 사람입니다

햇빛이 작렬하는 바다에 둥둥 떠 있다. 산 한번 보고 하늘 한 번 보고 있으니, 어느 고급 리조트 부럽지 않단 생각이 절로 든다. 옆에서 물방울이 날아와 내 얼굴에 튀어도 전혀 기분 나쁘지 않고 즐겁기만 하다. 난생 처음 보는 사람들인데도 "같이 놀래요?" 하고 말 걸고 싶다. 바다에 들어와 이렇게 놀아보는 건 애들 태어나고 처음인 것 같다. 바다는 뜨겁고 찝찝하고 모래가 많아 귀찮은 곳이었지 나의 놀이터는 아니었다. 그랬던 내가 휴가 내내 1일 1바다 중이다.
나는 노는 건 비생산적인 거고, 시간을 죽이는 일이고, 낭비하는 거라고 생각했다. 잠시 틈나는 휴식시간에도 강박처럼 책을 들었다. 그렇게라도 해야 죄책감이 덜했기 때문이다. 그런데 언니들을 만나고 새 세상이 열렸다. 무슨 바보 같은 짓을 해도 괜찮다, 잘했다 해줄 언니들이 있고 말없이 엄지척 해줄 소희 언니도 있단 걸 알았기 때문이다.

무엇을 해야 할지, 어떻게 해야 할지 아무것도 모르겠다고 생각했던 순간 글쓰기 모임을 신청했다. 그게 무엇이든 썩은 동아줄이라도 잡아야겠다고 생각했던 시점이었다. 글쓰기 모임은 나에게 계속되는 질문이었다. 왜 나는 이렇게 스스로를 억압하는지, 나는 왜 생산성에 집착하는지, 나는 왜 나 자신의 감각에 둔감한지…. 그렇게 시작된 질문이 마지막 모임이 끝난 뒤 이런 질문이 됐다.

"민주야, 너는 지금 뭘 하고 싶니?"

"너는 지금 기분이 어떠니?"

이게 맞는 거란 걸 이제야 알았다.

파이널 에세이를 공동체 언니들뿐 아니라 친구들, 남편에게도 공유할 정도로 뿌듯하고 좋았다. 어려운 책의 한 챕터를 넘긴 기분이라 생각했다. 그런데 며칠 가지 않아 회사에서 또 부정 회로가 작동하는 걸 경험했고, '아, 다 끝난 게 아니구나' 하는 생각이 들었다.

그런데 곰곰이 생각해보니 그런 생각이 드는 건 같았지만 그걸 대하는 나는 이전과 달랐다. 먼저 언니들에게 고민을 얘기했다. 언니들의 조언과 응원에 힘입어 '회사란 나에게 무엇인가' 정의를 내려보기도 하고, 무엇보다 내 기분이 어떤지 먼저 살피게 되었다. 내 기분이야 어떻든 남들이 봤을 때 멋져 보일 결정을 내리는 삶을 살아온 나와는 달랐다. 내가 변했다.

부정적인 사고, 사소하거나 치명적인 실패들은 어떤 식으로 언제든 나를 따라다닐 수 있다. 소희 언니 말대로 어두움이 있어야 밝음이 있단 걸 기억하자. 내가 그것을 어떻게 핸들링할지 결정하는 사람이란 것도. 나는 조금씩 옳은 방향으로, 그리고 즐거움을 느끼는 방향으로 움직일 것이다.

민주는 이제 그토록 어려워했던 마음의 소리에 귀 기울이는 법을 터득했다. 능숙해지기까지는 더 시간이 필요할 것이다. 하지만 그 맛을 보았으니 더 맛보려고 노력할 것이다. 그러기 위해 해야 할 일들을 차근차근 해낼 것이다. 삶의 속성상 어려움은 끝없이 닥친다. 그렇지만 민주가 전처럼 속수무책으로 두려움에 잠식당할 일은 없다. 내면의 허약한 곳을 바라보고 스스로 그곳을 두툼히 채울 것이니. 한 굽이 두 굽이 어려움을 넘는 사이 그녀의 삶은 오롯이 그녀의 것이 되어 있을 것이다.

# 네 번 째,

# 은경의 이야기

아이가 보는 데서 부모가
수시로 싸운 경우

## 불명확한 바위의 정체

바위의 정체가 명확하다면 우리는 바위를 수술대 위에 올려놓고 어떤 처치를 하면 좋을지 혼란 없이 이야기 나눌 수 있다. 그러나 증상만 있고 원인이 모호할 때는 무엇을 수술대 위에 올려야 할지부터 막막하다. 특히나 내가 자란 원가정이 '지금의 나'에게 어떤 영향을 미쳤는지 연결점을 파악하기 쉽지 않다. 그러나 분명한 것 한 가지. 부모란 모든 자식들 마음 속 '바탕색'을 정하는 사람들이란 것.

이번에 다룰 주제는 알 수 없이 지속되는 무기력과 끝없이 낮아지는 자존감이다. 은경이는 왜 자신이 무기력하고 불안한지 알 수 없어 답답해했다.

'나를 짓누르는 바위는 뭐지…?'

'난 그냥 태어날 때부터 이랬던 게 아닐까?'

'끝까지 해낼 만큼 무언갈 원해본 적도 없는 것 같아.'

'차라리 무거운 바위가 있다면 좋겠어. 그럼 바위 탓이라도 할 텐데. 매번 허깨비 같은 것만 내밀면서 나도 간절하게 무언가를 이루고 싶다는 말만 되풀이하려니 부끄럽고 창피해.'

'그저 불안해. 왜 이런 건지 알고 싶어. 나도 뜨겁게 살고 싶어.'

그런데도 은경이는 내밀었다. 허깨비 같은 것이라도, 간절함이 넘쳐서 끝까지 파고들며. 그러자 허깨비가 하나씩 제 실체를 드러냈다.

이제 은경이의 사례로 들어가보자.

## '나는 무능하고 무기력해'

은경이는 자기소개의 프롤로그를 이렇게 썼다.

> 무능하다. 무기력하다. 나에 대한 확신이 없다. 잘하는 일과 하고 싶은 일이 뭔지 모른다. 이쯤 되니 결혼도 '취집'이었나 싶기까지 하다. 고생한 엄마에게 보여준 것도, 보여줄 것도 없다는 부채감이 남아 있다.

이어지는 소개글에 은경이는 번호를 매겨 하나씩 따로 떼어 놓았다. 딱히 '바위다' 싶은 것이 없으니 점을 하나씩 찍어 온 것이다. 그래서 우리는 더듬더듬 점선 잇기를 시작했다. 바위의 윤곽을 파악하기 위해서.

### 1단계 ◦ 대면과 이해

1. 나는 두 오빠 밑에 막내딸로 태어나 집안 형편 때문에 세 돌까지 친척 집에 맡겨졌다. 아빠는 나를 많이 예뻐하셨지만 주로 재롱이나 애교를 원하셨기에 크면서 자연스럽게 멀어졌다. 오빠들은 내게 관심이 전혀 없었다. 대신 사촌동생과 자매처럼 지냈는데 초등학생이 되면서 이유 없이 멀어져 상처가 되었다. 유치원 친구들과도 이민 또는 이사하며 헤어졌다. 이후 외로워도 누군가에게 같이 놀자고 말하기 어려운 소심한 성격이 되어갔던 것 같다. 더 커서는 외모에 대한 콤플렉스로 자존감이 떨어지고 자꾸 남과 비교하게 되었다. 친구들 사이에서 늘 긴장했고 하고 싶은 말을 못 할 때가 많아서, 학교가 재밌거나 편안하지 않았다.

"자, 일단 1번만. 여기까지 읽으면서 은경이가 대체 누군가 했어. 내가 아는 은경이는 외모 콤플렉스를 가질 외모가 아닌데. 너 그런 이목구비 달고 외모에 콤플렉스 있다고 하면 돌 맞는다."

다른 친구들이 격하게 고개를 끄덕끄덕한다. 은경이가 수줍게 웃는다.

"가정에서 '예쁘다, 예쁘다' 사랑을 많이 받고 자란 아이라도 청소년기에 이르면 자존감이 떨어지는 경향이 있어. 울타리가 넓어지고 비교 대상도 많아지다 보니 상대적으로 자신의 부족한 점을 발견하게 되는 거지. 좀 슬프지?

하지만 또 많은 아이들이 여러 방식으로 극복할 기회를 가져. 특별한 재능이 있어서 두각을 나타낸다거나, 사교성이 좋아서 인기가 많다거나, 더 나중엔 연애나 직업으로 극복하기도 하지. 그렇다면 은경이는 결혼도 하고 아이도 낳은 마당에 왜 끝까지 '관계 속 열등감'이 극복되지 않았는가를 살펴보는 게 중요할 거야.

먼저 전체적인 정서를 주목해보자. 집에서 불행했어도 친구들과 놀 땐 즐거웠을 수 있는데 은경이는 쭉 긴장하고 우울해하고 있어. 잠시라도 '에라, 모르겠다' 내던지고 즐기는 아이다움이 없었네. 뭔가 힘 있게 뚫고 나가기엔 항상 힘이 모자랐고, 이것이 지속되니 결국 열등감이 된 것 같아. 외모는 그중 자신이 임의로 갖다 붙인 하나의 이유였을 뿐이고.

힘은 왜 모자랐을까? 유치원 친구와 사촌 이야기도 인상적이었어. 난 네가 이런 걸 기억하고 있다는 게 더 용해. 언니도 네 글을 읽고 나서야 그 무렵 같이 놀던 친구가 어슴푸레 기억이 나더라고. 그런데 넌 이걸 다 기억할 뿐 아니라 아예 한 명 한 명 케이스별로 세고 있더라.

차이가 뭘까? 언니는 이후에 다른 사람들이 들어왔기 때문에 앞선 사람들이 기억 속에서 빠져나간 거야. 별로 안 중요하니까. 그런데 넌 이후에 별로 인상적으로 들어온 친구들이 없어서 기억하는 거지. 이때가 고작 예닐곱 살 때였는데.

부끄럼 많고 존재감 적은 아이들은 언제 어디에나 있어, 모든 학년 모든 반에. 그런데 그중에는 의외로 '나는 그게 편했어요' 하는 아이도 있거든. 그럼 아무 문제가 없는 거야. 개성일 뿐인 거지. 그런데 너는 '늘 그래서 불행했다'고 해. 그러니까 원하지 않았는데 그러고 있었다는 거잖아? 더 들여다보고 이유를 찾아야겠지? 2번 보자."

2. 어릴 땐 엄마가 사라질까 봐 두려웠다. 불편해도 엄마랑 같이 있는 게 좋아서 엄마가 일하는 데 따라다니며 더 조용하고 얌전한 성격이 되었다. 엄마는 아빠랑 자주 싸우셨는데 그때마다 울음과 자기비하의 말들을 쏟아냈다. 고등학교 때는 차라리

헤어지지, 싸움을 반복하면서 자식 생각은 하지 않는다고 생각했다.

“부부싸움을 한 뒤에 아이에게 하소연하면 안 되는 거 우리는 다 알지? 우리는 알아. 배워서 알아. 엄마는 모르셨겠지. 이렇게 아이에게 감정을 지나치게 쏟아내면 공감능력이 큰 아이는 엄마의 불행과 자신의 기분을 동일시할 수 있어.

특히 너는 세 돌까지 엄마와 떨어져 지냈잖아. 이 기간이 네 분리불안에 큰 영향을 미쳤을 거야. 본능적으로 엄마를 찾을 나이인 데다, 널 돌봐주는 친척들이 늘 ‘네 엄마가 언제 온다, 안 온다’ 이야기했을 거고, 오면 반드시 사라지니 불안했을 거고, 다시 올 때까지 내내 기다렸을 거고.

네가 집으로 돌아온 뒤에도 엄마는 주로 집을 비우셨으니 엄마와 더 많은 시간을 보내고 싶었겠지. 혹시 엄마가 집으로 돌아오지 않을까 봐, 너를 다시 다른 곳에 보내버릴까 봐 두렵기도 했을 거야. 그래서 따라다니기 시작했고 네 주된 심리적 생활권은 학교가 아니라 ‘엄마가 있는 곳’이 되었을 것 같아. 친구를 못 사귄 이유를 넌 외모와 성격에서 찾았지만 아마 네 심리적 생활권이 학교에서의 사교적인 생활을 방해했을 거야.

그런데 엄마랑 있는 곳도 네가 주인공이 될 수는 없었어. 어른 일하는 데를 군더더기처럼 쫓아다녔으니. 제아무리 하고 싶은 것 꾹 참고 엄마가 시키는 대로 해도 '데리고 다닐 만하다' 정도의 평가밖에 받을 수 없는 구조지. 그러니까 너는 주변인으로 계속 산 거야. 학교에서도, 방과 후에도, 소속감 없이 부표처럼 떠돈 거지. 사실 또래집단과의 사회생활도 제대로 '인싸'가 되려면 에너지가 많이 들어. 이걸 주변인으로 잘 해내긴 어려웠을 거야. 자연스럽게 그런 학교생활이 점점 더 재미없어졌겠지?

또래 속으로 적극 들어가야 할 나이에 엄마와 붙어 다니고, 그럼에도 엄마는 속상한 말을 쏟아낼 뿐 널 사랑한다거나 네가 훌륭하다고 말해주진 않아. 고등학생이 되어서야 너는 끝내 문제해결 능력 없이 감정 배출만 반복하는 엄마 곁에서 네 역할을 회의하게 돼. 학교에서도, 가정에서도 중요한 역할은 아니었단 걸 깨달은 거지."

3. 엄마는 오빠들을 닦달하여 공부시켰다. 난 오빠들만큼 공부를 잘하지 못해서 늘 열등감을 가지고 있었다. 엄마는 내게 '넌 아나운서가 되면 좋겠어' 같은 바람들을 말했지만 진심으로 하는 말 같진 않았다. 집에는 대화가 없었다. 엄마가 우리

남매에게 일방적으로 잔소리하거나 성공한 사람들 스토리를 말하면 우리는 듣기만 했다. 지금도 엄마는 사람들에게 좋은 대학을 나온 오빠들 자랑은 하지만 내 자랑은 하지 않는다.

"아이고, 엄마는 워킹맘이 절대 하지 말아야 할 1번을 열심히 하셨어. 즉 종일 집을 비웠으니 집에 가자마자 아이들을 '잡는 것', 정서적인 교류는 없이 그저 할 일만 강요하는 것. 비단 워킹맘뿐만 아니라 전업맘이라 해도 입시육아를 한다면 저지르기 쉬운 실수지?

이럴 때 아이들 입장에서 엄마는 오직 '요구하는 사람'이야. 오빠들도 정서적 결핍이 컸겠어. 여동생과 무언가 따스한 것을 나눌 여유 따위는 없었을 거야. 불행히도 이 가정에서는 누구도 서로의 마음을 들여다볼 여력이 없었네? 엄마의 감정을 열심히 받아낸 너 빼고.

그런데 이 부분 한번 눈여겨보자. 오빠들에겐 독하게 공부를 강요하던 엄마가 네겐 '아나운서가 되면 좋겠어' 하면서도 '진심으로 하는 말 같지 않았다'는 부분. 이런 걸 눈치채는 걸 보면 너는 굉장히 민감한 아이였던 거야.

또 눈여겨봐야 할 것은 네 내면욕구의 크기야. 당시에 흔했던 아들딸 차별은 종종 딸에게 '넌 너무 노력하지 않아도 된다. 어차피 남편 누구 만나냐가 중요하니까'로 나타나곤 했어. 이 차별 안에서 편하게 쉬는 딸도 있었거든? 투쟁적으로 살지 않아도 된다는 것이 편하게 다가오는 거지. 난 별로 노력 안 해도 돼, 탱자탱자 대충 묻어가며 살자, 이렇게. 그런데 넌 '노력하지 않아도 된다'는 대접이 서운한 사람이었던 거야. 자신에 대한 무기력한 평가와 달리, 넌 굉장히 성취욕이 큰 사람이야.

그러니까 넌,

1. 누군가와 강하게 관계를 맺고 싶은 사람이었어.

2. 널 꼭 필요한 사람으로 대해주길 바라는 사람이었어.

3. 그런 신뢰와 지지 속에서 비중 있는 일을 하고 싶은 사람이었어.

이 세 가지가 네게 중요했는데 모두 실현하지 못한 거야. 안타깝게도 이 글에 등장하는 누구와도."

4. 평생 가게를 했던 엄마는 내게 "전업주부인 넌 팔자가 좋은 거다"라고 한다. 틀린 말도 아닌 것 같고 직업을 가져본 적도 시험에 통과해본 적도 없는 나는 반박할 수 없어서 더더욱 속상하고 분하다.

“나는 이게 엄마의 진심이라고 생각해. 지구 위에서 봐봐. 엄마의 평생을 보면 그렇게 생각하실 만도 해. 근데 네 마음과 별개로 존재하는 엄마의 마음이라는 것, 넌 서로 다른 마음을 지닐 수 있다는 걸 인정하지 못하고 있어. 모두에게 그러고 있어. 그럴 수 있어. 앞의 세 가지가 모두 실현되지 못했으니 순순히 각자를 있는 그대로 놓아주고 인정해주기엔 뭔가 억울하고 분한 거지.”

## 쉽게 포기하는 태도는 어디에서 왔을까?

지금까지 발견한 점들을 선으로 이을 차례였다.

"은경아, 지구 위에서 보자. 한 아이가 있고 엄마, 아빠, 오빠들이 있어. 아이는 '당연히' 가족들에게 뭔가 기대하며 서성거렸어. 그런데 어느 것도 흡씬 채워지진 않았어. 보이니?

그럼 그것도 보여? 이 사람들에게 지금 네가 원하는 것을 내놓으라고 목을 조른다 한들 더 나올 건 없다는 것? 예를 들어 네가 아무리 애를 써봤자 전업주부에 대한 엄마의 생각이 바뀌진 않아. 오빠들이 이제 와서 다정한 교회오빠처럼 말 걸어줄 리도 없어. 그런 게 보여?"

"네, 지금은 보여요. 가끔 엄마가 툭툭 던지는 말에 흔들릴 땐 왜 그랬을까 했는데…. 여기까지 글을 정리하면서 알게 되었어요. 내가 원했던 가족 간의 소속감이 채워지지 않았고, 그땐 그럴 수밖에 없었단 것도 이젠 알겠는데…. 제가 제일 답답하고 궁금한 건 그 시절은 이미 지나갔고 저는 아무 힘도 가지지 못한 채로 이렇게 성인이 된 거예요."

"그래. 네가 원했던 소속감을 오빠든, 단짝친구든, 애인이든 흠씬 채워주는 사람이 한 명이라도 있었으면 참 좋았을 텐데, 그게 안 됐어. 안 된 건 오래 들여다보는 거 아니야, 언제나! 이제부터 될 걸 오래 들여다보는 거야."

"네."

은경이가 가볍게 고개를 끄덕끄덕한다.

### 2단계 ◦ 위로와 긍정

"은경아, 네가 해낸 것을 과소평가하지는 말았으면 좋겠어. 이번에 발견한 것, '내가 원했던 가족 간의 소속감이 채워지지 않았고, 그땐 그럴 수밖에 없었단 것도 이젠 알겠다'는 것, 이건 엄청나게 큰 깨달음이야. 엄청나게 큰 의식의 전환을 해낸 거라고. 네가 정말로 깨달았다면 더 이상 억울한 감정과 미련을 가지고 매달리지 않을 테니까. 새롭게 할 일을 찾겠지. 그러니 '그 시절은 이미 지나갔다'며 소용없다고 가볍게 뭉개버릴 일이 아니야. 소용없는 게 아니라 그 시절을 제대로 이해하는 것부터가 새로운 시작이고 네가 이미 그 새로운 시작을 해내고 있음을 알아봐야 해.

네게 안 좋은 버릇이 있다면 모든 걸 가볍게 가볍게 훑고 지나가버린다는 거야. 중요한 얘길해도 별로 안 중요한 얘길 할 때와 똑같이 '네, 네' 그러고 있잖아. 방금 잡은 큰 물고긴 보지 않고 예전에 놓친 물고기 얘기로 바로 건너가잖아. 그러면 안 돼. 경중을 구분하는 힘이 필요해. 네가 경중을 구분하는 눈이 없으면 가벼운 것도 무겁게 처리하고, 무거운 것도 가볍게 처리하고 다 뒤죽박죽이 된단 말이야. 네가 지금 되게 큰 걸 깨달았고 거대한 전환을 했지? 그럼 '와, 이번에 잡은 물고기 진짜 크다!' '대박! 난 정말 대단해!' 이렇게 자긍심을 갖는 게 마땅해. 이 깨달음 덕분에 네가 앞으로 아낄 에너지를 생각하면 지금 나가서 케이크를 사와서 폭죽을 터뜨려도 될 정도라고. 이해가 되었니?"

이번에 은경이는 아까와 달리 깊숙이 고개를 끄덕인다.

"자, 오늘 발견한 또 한 가지 중요한 것은 네가 의외로 성취욕이 큰 사람이란 것도 있었지? 시간과 돈을 따로 마련해서 너만의 활동을 하고 그 세계를 가꾸는 일을 하면 좋겠는데."

"그게 늘 답답하고 알고 싶은 거예요. 그걸 못 찾겠어요. 학창시절부터 '난 뭘 좋아할까?' '난 뭘 잘할까?' 무엇을 해도 자신감을 못 갖겠고 잘하지 못할 것 같으면 바로 포기하고, 내 성격이 왜 이렇게 됐지? 하다 보니까 외모부터 시작해서 쫙 나온 거거든요."

"네가 자신에게 집중을 잘 안 해봐서 그래. 네 마음을 오로지 너 자신만으로 꽉 채워본 적이 없지? 언제나 주인공을 따로 모시는 조연이었어. 그러니 네게 집중적으로 시간과 돈을 쓴다거나 너를 전면에 내세우는 일이 어색할 수밖에. 극복하지 않으면 자꾸 익숙하게 하던 대로 하게 돼. 엄마 쫓아다녔듯 남편 쫓아다니고 애들 쫓아다니며 챙기게 되지. 결국 네게는 '외모' 같은 사소한 것만 남고 그래서 또 억울함에 사로잡히고."

"그것 또한 고민이었던 거예요. 나는 왜 이렇게 아무것도 아닌 걸로…. 세상엔 진짜로 힘든 일들도 많은데 난 너무 보잘것없다…."

"그건 아니야. 문제의 경중은 각각의 인생에서 다른 거지, 다른 사람과 비교해서 따지는 게 아니야. 난 '네 인생 안에서'의 경중을 말하는 거야. 네 인생 안에서 크고 작은 일들이 많은데, 그중 왜 네가 유치원 때 이사 간 친구부터 학창시절 놀림받은 것까지 온갖 사소한 것들을 붙잡고 있는가? 근데 네가 모르지 않아. 이렇게 말을 해. '저도 그게 고민이에요' 하고. 그러면 너는 왜 과감히 옥석을 구분해 버릴 걸 버리지 못하는걸까? 결심을 하고 변화를 만들어내야 할 때에 의지가 약해지는 걸까?

지금부터 그러한 삶의 태도를 갖게 된 '연원'을 잘 더듬어 봐야 할 거야. 오늘 새롭게 발견한 너의 몇 가지 특징들을 손에 꼭 쥐고 차분히 자리를 잡고 앉아. 어릴 적부터 벌어진 일들을 지구 위에서 바라봐. 인형놀이를 할 때처럼 각 인물들을 등장시키면서 그들 사이에서 오갔던 말과 행동을 재현해봐. 누가 누구와 어떤 식으로 관계를 맺었는지 면밀히 관찰해. 관찰한 것을 순차적으로 정리해. 정리하는 사이 찾아지는 게 있을 거야."

은경이는 시원한 얼굴이 아니었다. 나도 그랬다. 그럼에도 몇 가지 점을 잇는 것 외에 내가 더 해줄 수 있는 것은 없었다.

공은 그녀에게 넘어갔다.

그녀는 새 거름망으로 자신에게 벌어진 일들을 다시 한 번 걸러내야 한다. 경한 것과 중한 것을 정리해서 중요하다고 생각했지만 알고 보니 쓸데없는 정보는 버려야 한다. 사소하게 언급했던 정보 가운데 진짜로 중요했던 것을 발견하면 깊숙이 파고들어야 한다. 계속 점만 잇고 있을 순 없다. 은경이가 성공적으로 평면도 몇 개를 그려오면 그걸 가지고 입체적인 관계의 구조물을 함께 만들어나갈 수 있을 것이다. 은경이가 이 작업을 잘 해낼 수 있을까?

파이널 에세이를 제출하기까지 2주의 시간이 남아 있었다. 모든 참가자들이 넘겨받은 공을 굴리는 시간. 살짝 발만 담갔다 도망치듯 돌아 나온 글을 쓸 수도 있다. 참가자의 선택이다. 아무도 비난하지 않는다. 그럴 수밖에 없었던 어려움을 헤아려 감히 평가조차 하지 않는다. 그저 그 상태에서 더 나아질 방법을 마지막으로 성심껏 이야기를 나눌 뿐이다. 그렇지만 그런 마무리는 아무래도 미진함을 남긴다. 누구보다 글쓴이 자신에게.

깊숙이 온몸을 담그고 정면대결을 하고 나온 글을 쓸 수도 있다. 이 또한 참가자의 선택이다. 다 같이 기뻐한다. 얼마나 어렵게 대면했을까, 뼈를 깎아내며 알아낸 진실에 존경을 보낸다. 덕분에 모두가 그 글에 담긴 진실을 배울 기회를 갖는다. 이런 마무리는 후련하다. 누구보다 자신의 가능성을 재발견한 글쓴이 자신에게.

**나중에 알게 된 것이지만, 그 2주 동안 은경이는 다음과 같은 시간을 보냈다고 한다.**

아이들이 등교한 시간, 식탁에는 아이들과 남편이 먹은 그릇이 질서 없이 놓여 있다. 물에 담가두기라도 해야 설거지가 편할 것을 알지만 그냥 지나쳐 안방 침대에 엎드린다. 습관적으로 핸드폰을 켜고 자주 들어가는 사이트들을 한 바퀴 돌고 나면 이 시간이 '노는 시간'이 아니게 느껴지도록 온갖 자기계발 영상을 튼다. 하루 세 시간의 시간인데 편안하게 쉬지도, 시원하게 놀지도, 그렇다고 나에게 도움이 되는 어떤 활동을 하는 것도 아닌 찜찜함으로 시간을 보내고 나면 잉여인간이 된 듯한 내 모습에 또 한 번 실망이 쌓인다. 도대체 나는 뭐 하려고 세상에 나온 걸까.

나는 이 무기력이 비교적 편안했던 내 삶의 대가라고 생각했다. 남들이 치열하게 고민하고 살아낼 때 그러지 않아서 나에게는 꼭 지녀야 할 삶의 무기가 없는 거라고 생각했다. 그리고 그것은 겁 많고 약한 내가 편안함만을 선택해서 생긴 일이라고 여겼다. 그래서 지금이라도 고민을 시작해야겠다는 결심으로 '나를 찾는 글쓰기' 모임을 신청했다. 어떤 과정으로 나를 찾게 될까, 나도 그게 되는 걸까, 반신반의하면서.

처음에는 솔직해질 용기가 필요했다. 여차하면 도망갈 생각까지 하면서 내가 가장 부끄러워하는 그것, 편안히 살아오면서도 내 힘으로 이룬 것 없다는 사실을 자기소개서와 첫 모임에서 드러냈다. 솔직함과 자기를 찾고자 하는 열망이 느껴진다는 칭찬과 격려의 댓글이 달렸다. 여차하면 도망가려고 틀어 앉아 있던 자세를 고쳐 앉아 언니들의 글과 댓글에 나도 꾹꾹 진심을 담아보았다.

시간이 흐를수록 우리는 서로의 이야기를 많이 듣게 됐다. 각자의 상처와 고민들을 들으며 다 함께 안타까워하고 위로했다.

때로는 감당하기 힘든 상처를 가진 언니들을 보면서 내가 더 작아지기도 했다. 굴곡 없는 내 삶에서 대면해야 할 상처가 뭔지 몰라 헤맸다. 다시 '못난 나'로 돌아오고 말았다.

"삶의 태도의 연원에 대해 질문하고 써봐."
언니의 조언을 등대 삼아 고민의 방향을 바꿨다. 고통의 크기를 비교하지 말고 그렇게 행동한 나에게 집중해서 따라가 보기로 했다. 순서 없이 불쑥불쑥 떠오르는 생각이 정리되지 않고 나를 괴롭혔다. 대면해야 할 상처가 나 자신인지, 가족인지, 콤플렉스인지, 친구인지, 우연한 경험의 축적인지 헷갈렸다.
서로 다른 이야기로 파이널 에세이 네 편을 동시에 썼다.

그러니까 무려 네 편을. 은경이는 치열하게 대면한 것이다. 만약 누군가 자신에게 벌어진 일을 동서남북 네 방향에서 고르게 바라본다면 그것의 정체를 밝혀낼 가능성이 매우 높다. 은경이의 파이널 에세이를 받아보니 과연 그랬다.

"은경이는 파이널 에세이에서 아주 놀랍도록 대면해왔어. 무기력의 전후맥락을 제대로 파악해왔는 걸. 해낸 거야, 네가. 묘사를 하면서 각 장면 속으로 깊숙이 들어갔고 그때 벌어진 사건과 네가 느꼈던 감정을 되살려 새롭게 이해하면서 전체적인 맥락을 잡아간 것 같아, 맞니?"

"네."

은경이의 목소리가 전에 없이 자신감에 차 있다.

"이건 묘사가 중요한 역할을 하고 있는 글이기에, 요약하지 않고 그대로 읽어볼게."

8년간의 가정보육이 끝나고 둘째가 유치원에 들어간 지 한 달쯤 되던 어느 오전, 엄마가 내게 전화를 했다.

"뭐 하고 있어? 너도 이제 뭐라도 해야지."

큰아이 출산 후 처음으로 내 시간이 생긴 터라 아무 생각 없이 쉬고 싶었던 나는 갑작스런 엄마의 재촉에 당황했다.

"나도 생각하고 있는 중이야!"

쏘아붙이고는 얼굴이 화끈해진다. 순간 일어난 열등감이 며칠간 지속됐다. 결혼 전 하고 싶은 것이 무얼까 오래도록 고민했지만 아무것도 하지 못하고 방황하던 나와 그 탈출구로 결혼을 선택하며 스스로 '취집'한다고 여겼던 부끄러운 마음이 떠올랐다. '그래, 뭔가 하긴 해야겠지'라는 생각이 들자 이번에는 두려운 마음이 든다.

몇 년 전 막둥이가 유치원에 갔다고 곧 일자리를 찾아보고 자격증을 따던 동네 엄마들이 떠오른다. 그들은 어떻게 그렇게 쉽게 해낼까. 나는 과거에도 지금도 무엇이 두려워 움직이지 못하는 걸까. 두려움 뒤에 가려진 나의 상처는 무엇일까.

끊어진 필름처럼 남아 있는 어릴 적 기억이 있다. 깊은 밤, 작은 방에서 불도 못 켠 채 엄마 아빠가 다투는 소리를 듣고 있다. 날카로운 목소리들은 적막한 밤에 더욱 선명해진다. 불안감에 문간을 서성이는 나와 달리 오빠들은 그저 조용히 견딘다. 오빠들이 울지 않으니 심각한 싸움은 아니라고 스스로 다독인다. 시골로 내려가는 차 안. 엄마와 아빠는 다시 말다툼을 한다. 조수석 엄마 무릎 위에 앉아 있는 나는 유리창에 비치는 나뭇잎 무늬를 보며 다른 생각을 하려고 애를 쓴다. 그만 좀 하라는 아빠의 고함 소리, 그만 멈춰줬으면 좋겠는데 여지없이 내 귀를 때리는 엄마의 울분. 엄마에게 안겨 있으면서도 곧 엄마가 떠날 듯 불안하다. 마치 셋만 있는 듯 뒷좌석에서 기척도 없는 오빠들은 무슨 생각을 할까.

집에서 또 밖에서 일상처럼 되풀이되는 싸움은 항상 느닷없이 시작되고 그 끝이 언제인지 알 수 없었다. 엄마가 어느 날 훌쩍 떠나버릴 것 같은 불안감에 나의 시선은 언제나 엄마였다. 엄마의 표정과 기분을 살피고 아빠와 사이가 좋은지 나쁜지 그날 그날 판단했다.
그러다 어느 날 보면 화해의 말도 없이 엄마 뒤에 나란하게 누운 아빠가 엄마의 가슴을 주무르고 있곤 했다. 그러면 엄마가 내뱉었던 불행의 말들 위로 '여자'인 엄마의 모습이 덧씌워져 나는 이상한 안도감을 느끼며 흘끔거렸다. 방해하면 안 될 것 같은 둘의 모습으로 '아, 이제 괜찮구나' 그렇게 이해했다.

그러므로 일찌감치 나의 소원은 가족의 화목이었다. 엄마 아빠가 왜 싸우는지, 어떻게 하면 화목할지 고민했다. 아빠가 매일 술을 드시는 게 문제라면 내가 없는 애교라도 부려서 술을 안 드시게 하고 싶었다. 내가 할 수 있는 어떤 것이라도 있으면 기꺼이 하겠다고 진심으로 고민했다. 하지만 내가 했던 고민과 걱정, 시도들은 아무런 힘이 없었다. 그러다 열두 살 무렵 엄마가 휘갈겨 쓴 일기를 보면서 엄마가 괜찮아보일 때도 괜찮지 않다는 것을 알게 됐고, 일기 속 엄마와 같이 나의 존재도 하찮게 느껴졌다.

"여기까지. 은경이는 세밀하게 자신의 과거에 청진기를 댔고, 포착한 것들을 연대기로 하나씩 가져다 놓았어.

지구 위에서 보자. 부모님에겐 부부싸움의 패턴이 있었어. 완전 난폭하게 싸우다가 섹스로 푸는 것. 흔히 '속궁합만 맞아도 산다'는 그런 케이스겠지. 완고한 가부장제 사회에서 여성에게 경제력이 있는 상황이었으니, 부족한 남성성을 벌충하기에 섹스는 적절한 수단이 되었을 거야. 두 분만의 친밀한 끈. 그러니까 두 분은 싸워도 헤어지진 않을 사이였는데 헤어지지 않느라 힘든 것을 아이들 앞에서 여과 없이 다 표현하신 거지."

## 반드시 아이 앞에서 화해할 것

"긴 결혼생활을 해본 사람은 알겠지만 부부관계를 유지시켜주는 건 '객관적인 조건'이 아니라 '주관적인 합의'야. 쉽게 말해서 부부 사이에 어느 지점이든 잘 맞는 점이 하나라도 있고, 둘이서 '우리는 이거라도 잘 맞으니 그냥 살자' 하는 한, 살아진다는 거지. 남들 보기엔 굉장히 황당한 지점이어도 둘만 합의한다면 얼마든지 가능해.

마찬가지로 부부가 몸으로 치고받고 싸우다 다시 몸으로 화해를 하더라도 둘만 좋다면야 문제가 되지 않아. 문제가 되는 건 이 합의에서 빠진 아이가 영문도 모른 채 싸움에 연루되었을 때야. 그럼 뒷마무리라도 반드시 아이까지 포함해서 이루어져야 하지.

아이 앞에서 화해하는 모습을 보여줄 것,
그리고 싸우는 모습을 보인 것에 정중히 사과할 것.

그런데 은경이 부모님의 경우는 당시 부모님들이 다 그러셨듯 이 중 아무것도 제대로 하지 않으셨어. 은경이가 너무 혼란스러웠겠어. 특히나 그 '합의'의 지점이 비밀스러운 어른의 영역이었으니 아이는 뭐가 뭔지 알 수 없는 상태로 매번 부부싸움의 쓰나미 속에 이리 갔다 저리 갔다 휩쓸려 다닐 수밖에 없었겠어. 아이가 있는 집에서 이렇게 요란하게 싸우는 건 실제로는 부부끼리만 서로 때렸더라도 사실상 아이도 같이 때리며 싸운 것과 비슷한 결과를 낳아."

내 노력과 별개로 싸움은 계속되었다. 결국 아빠는 칼을 들었고 찌르지는 않았지만 난 엄청난 충격을 받았다. 그러고도 엄마랑 아빠는 며칠 뒤 같이 누워 있었다.
오빠들이 입시생이 되자 부모님은 잠시 싸움을 멈췄다. 오빠들은 좋은 대학에 들어갔고 엄마의 큰 자랑거리가 되었다. 하지만 이내 돈 문제로 다시 싸움을 시작했다. '돈, 돈' 몰아붙이는 엄마도 싫었고 고함과 힘으로 위협하는 아빠도 싫었다. 난 그저 잠에 빠져들고만 싶었다.

나는 계속 미지근한 사회생활을 이어갔다. 딱히 하고 싶은 것 없이 대학을 갔고 취업을 망설이다 결혼을 했다. 엄마는 내 결혼 준비에도, 시어머니를 챙기는 일에도, 언제나 나보다 열심이다. 나는 엄마의 그런 행동을 거부하고 싶지만 부채의식 때문에 그러지 못한다.

"그래, 네가 고생한 엄마에게 부채의식을 가질 수 있지. 하지만 엄마는 '애만 키우는 넌 팔자 좋은 거다' 그랬다가 둘째 어린이집에 보낸 지 한 달 만에 '넌 뭐 하니?' 그러셔. 일관성이 없고 감정적인 분이야. 순간순간 올라오는 걸 표현하는 분. 그래서 싸움도 그렇게 하셨을 거야. 이런 분석은 엄마를 비난하기 위함이 아니라 네가 취할 행동을 알기 위해서 하는 거야. 즉 네가 엄마의 말에 휘둘리면 안 된다는 것. 엄마는 그때그때 올라오는 걸 네게 들고 오는 분이니 그때마다 네가 반응하면 안 된다는 것. 부채의식 속에서 계속 반응해드리고 있는 것 같은데 부채의식을 가질 필요가 없다는 것에 대해서는 뒷부분에서 확실하게 얘기해줄게."

나는 엄마 아빠의 불화로 긴 세월 나에게 집중할 수 없었다. 누구보다 가족의 관심을 원하면서 조용히 겉돌아야만 했던 내 안의 외로움에 압도되어 나를 사랑하지 못했다. 거기에 반복되는 좌절과 불안감이 나를 무기력하게 만들어 어떤 액션도 취하기 힘들었다. 결국 나는 아무것도 안 하지는 않았다. 그때그때 주어진 것은 하고 있었다. 다만 그것을 '잘' 해내지 못했다고 시도한 나를 인정해주지 않았다.

**"그렇지! 지구 위에서 보기가 아주 잘되었어. 네가 나가서 술을 마시고 깽판을 쳤니, 돈을 빌려서 탕진을 했니? 언제나 자리를 지켰어. 엄마 옆에서, 힘이 되려고!"**

엄마는 헌신적이었다. 돈의 필요성을 누구보다 잘 알기에 자식의 성공을 그렇게나 바랐을 거다. 아빠도 경제력을 부인에게 의지해야 하는 열등감 때문에 힘드셨을 것이다. 오빠들 역시 나와 같이 상처받은 어린아이였음이 보인다. 이렇게 들여다보니 이제 와서 새삼 가족에게서 얻을 수 있는 것은 없다는 걸 명확히 알게 된다. 그때 가졌던 나의 정확한 감정을 알아차리고 인정해주니 내가 지금 할 수 있는 것에 집중해야 한다는 것도 알겠다.

# 혼자 불행을 감지하는
# 외로운 감정노동

"다른 가족도 지구 위에서 잘 봤어. 가족과 경계를 짓게 된 것, 엄청난 소득이야. 가족 주변에서 공회전했던 에너지를 너에게 쓸 수만 있다면! 지금부터는 언니가 몇몇 부분을 좀 더 선명하게 정리해줄게.

첫째, 비정상적인 경제구조.

가부장제에서 여성이 경제력을 가지고 있다는 것은 끊임없이 갈등을 야기하는 일이었어. 엄마가 아빠보다 경제력이 있으면 엄마가 나가서 돈 벌고 아빠는 내조하면 되는데, 'only 가부장제'인 사회의 구성원들은 그걸 '정상적'으로 받아들이지 못하는 거지. 그래서 엄마는 잘 벌다가도 '우리 가정은 문제야' 또는 '너 때문에 내가 이 고생을 하는 거야'로 돌아오는 거야. 아빠도 사소한 것에서 '네가 돈 좀 번다고 날 업신여긴다'로 가는 거고. 주변인들도 끊임없이 '비정상적인' 부부에게 문제를 지적하거나 연민을 투척하며 자극했겠지. 그런 식으로 부부싸움의 이유는 끝없이 등장했을 거야. 그리고 이후에 몸으로 푸는 세리머니. 이 부적절한 순환 속에 굉장히 예민한 아이, 은경이가 놓여 있었어.

둘째, 정서적 소녀가장의 노동.

오빠들처럼 주파수를 다른 데로 돌리기라도 했으면 좋았을 텐데 너는 24시간 관찰하고 있었어. 엄마 아빠 사이의 분위기, 거동, 오가는 말…. 또 싸울까 봐 쉬지 않고 민감한 레이더를 혼자 돌리는 거야, 네 작은 힘으로. 작은 힘이지? 부부가 이런 식으로 관계를 맺는데, 막내가 무슨 힘이 있어? 그럼에도 걱정되어서 계속 레이더를 돌려.

또 너는 어떻게든 상황을 낫게 만들어보려고 해. 정서적 소녀가장의 역할. 넌 그 집에서 단 한 사람, 온 가족의 기분을 신경 쓰는 사람이었어. 그걸 네가 어떤 식으로 해? '아빠에게 애교를 부려보거나', '오빠 입시 때 숨죽이고', '엄마의 일기장을 훔쳐보면서' 어린 깜냥으로 할 수 있는 건 다 찾아서 해. 너의 레이더망은 결코 꺼지질 않아. 사방팔방으로 감지하고 있어. 아빠가 욕을 하는구나, 엄마가 맞는구나, 그런데 오빠들은 책에 고개만 박고 있구나, 그럼 내가 지금 할 일은 뭘까?

얼마나 피곤했겠니? 그 작은 몸으로 온 가족의 기분을 견인하려고 감정노동을 멈추지 않았던 거야. '아, 나는 혼자서 그렇게 애쓰고 있었던 거구나.' 너는 이 지점을 깊숙이 위로해 주어야 해."

은경이가 울기 시작했다. 그녀는 그동안 눈물을 보인 적이 없었다. 울기엔 자신의 고통이 상대적으로 작다고 여겨서 내내 참았는지도 모르겠다. 작지 않다. 많이 아팠을 것이다.

"앞에서 언니가 부채의식을 가지지 말라고 했던 게 바로 이 지점이야. 너는 소녀가장의 역할을 충실히 했으므로 이 가정에 아무 부채가 없어. 감사하는 마음? 좋아. 어디까지 가져? 감사는 받은 것에 감사하는 거야. 물질적인 지원, 엄마가 열심히 해주셨어. 가게 하느라 애쓰셨어. 그것에 감사하면 돼. 덕분에 제가 배도 곯지 않았고 대학까지 나왔습니다. 감사합니다. 여기까지! 경계설정을 딱 해서 매듭을 지어. 더 이상 엄마의 기분이나 평가에 휘둘리며 공감대를 형성하려고 하지 마.

정서적 소녀가장이 난처한 부분은 만약 경제적 소녀가장이었다면 어디 가서 만 원을 벌어오면 다른 가족들 눈에 그 만 원이 또렷이 보였을 거야. 재가 만 원을 벌어 와서 오빠 학비를 댔네? 그래서 나중에라도 '오빠, 내가 그때 오빠 학비 만 원어치 댔잖아'라고 말할 수라도 있어. 근데 정서적 소녀가장이 한 일은 아무도 눈치를 못 채. 그 오랜 시간을 처음부터 끝까지 아무도 신경을 안 쓰는 노동을 혼자 하면서 낑낑댔어. 무심하고 둔감한 사람들 사이에서 민감한 주파수로 불행을 시시각각 감지한다는 것, 몹시 피곤한 일이야. 어린 깜냥으로 대책을 강구했다는 것, 무력한 일이야. 그 수고로움에 아무도 '중요한 일을 한다'라거나 '고맙다'거나 '애썼다'고 말해주지 않는다는 것, 엄청난 좌절이지.

하다못해 부모가 '애가 보고 있으니까 여기까지만 하자'라든지, 일단 눈 뒤집혀 싸웠어도 '아까 그런 모습을 보여서 미안하다'라든지, '앞으론 안 그러도록 노력하겠다'라든지, 혹은 오빠들이라도 '막내, 괜찮냐?' 물어준다든지, 널 위해 있어야 할 최소한의 소통이 전혀 없었던 거야. 투명인간처럼 가장 어린 네 모습은 누구의 눈에도 보이지 않았던 거야.

성과 없는 노동을 유아 때부터 성인이 될 때까지 한다고 생각해봐. 그러면 중간에 '아, 진짜 그만둔다!' 이런 말이 나오지. 글을 보면 네가 무의식중에 그 말을 여러 번 해. '난 그쯤에서 그만뒀다' 같은 말들. 그럼에도 불구하고 또 그 노동을 이어가. 아무도 안 하니까. 너라도 안 하면 온 집안이 무너질 것 같으니까. 마치 직장 다니는 사람이 '나 회사 때려치워야지' 하면서 계속 출근하는 것처럼, 넌 지속적으로 불안정한 가정에서 감정노동을 해.

셋째, 번아웃.

늘 또 싸울까 불안하고 노력해봤자 좌절이야. 아이다운 에너지는 상실되고 좌절에서 오는 무기력은 커져. 효능감 없는 노동은 번아웃을 불러와. 집이 회사이고 본업이다 보니 학교에 가면 남은 에너지가 없어. 좀 뒤에 빠져 있고 싶어. 아웃사이더가 돼. 이런 상태에서 뭔가 하고 싶은 게 없다거나, 대학은 왜 가야 할지 모르겠다거나, 취업을 앞두고 두려움이 앞선다거나, 이런 건 너무 당연한 거야.

'나는 왜 이렇게 생겨 먹었지? 이러면 안 되는데' 이런 거 이제 그만하고 알아봐줘야 해, 네가 그렇게 된 맥락을. 이번 글이 그걸 알아봐주는 아주 훌륭한 첫 글이었고 앞으로 더 글을 쓰고 관련 서적도 읽으면서 너는 더 알아갈 거야. '아, 그 때 내가 가졌던 감정이 이거였구나', '내가 그래서 그런 행동을 했던 거구나' 이렇게. 그 과정이 정확히 치유의 과정이 될 거고, 그 끝에서 넌 뭔가가 되어 있을 거야.

넷째, 레이더라는 재능.

언니가 왜 '뭔가가 되어 있을 거'라고 말하냐면 네가 지금 써온 관찰 기록이 뛰어나기 때문이야. 이쪽으로 소질이 있어. 그랬기에 어릴 때 레이더를 24시간 켜고 있었던 거야. 네가 '난 아무것에도 재능이 없다'고 했지? 그러지 말고 알아봐줘. 이것이야말로 네 재능이야. 엄마와 너 자신을 동일시할 정도의 어마어마한 공감능력, 분위기가 어떻게 돌아가는지 귀신같이 알아채는 민감함…. 여기서 긍정의 지점도 찾을 수 있어.

일평생 재능을, 재능인지도 모르고, 24시간 갈고닦은 것. 아무도 안 알아봐주는데 너무 오래 뽑아 썼기 때문에 네가 알아채기도 전에 번아웃부터 왔지만 어쩔 수 없이, 아니, 그렇기에 더더욱 네가 다시 시작해야 할 일은 레이더를 도로 켜는 거야. 이번엔 스스로 재능을 알아봐주면서 효능감 있는 곳에 사용하는 것. 이것이 너의 새로운 시작이야."

# 재능을 펼치기 위해 해야 할 일들

"대면과 이해, 위로와 긍정, 성공적으로 찾아냈지? 통치기도 할 수 있을 것이고, 이제 남은 것은 경계설정이야. 효능감 있게 너의 재능을 펼치려면 경계설정이 필요해."

3단계 ◦ 통치기와 경계설정

경계설정 나의 준거집단을 명확하게 한다
목표 효능감 있게 재능을 펼친다
방법 1. 감정코칭 배우기
2. 정서적 준거집단 옮기기

3. 가족문화 만들기

1. 감정코칭 배우기

"먼저 감정코칭을 배우라고 말하고 싶어. 너에겐 끝까지 해내는 경험이 필요하니 졸업장을 주는 중장기 과정을 배우면 좋겠어. 감정코칭을 공부하면 네게 벌어졌던 일을 논리적 맥락으로 꿰는 데 도움이 될 거야."

2. 정서적 준거집단 옮기기

"그 작업을 본격화하는 데 이 모임, 네가 처음으로 깊숙이 자신을 대면할 수 있도록 도와준 이 공동체가 새로운 준거집단이 되어줄 거고 코칭공부하면 거기서도 도반이 생기면서 또 다른 준거집단이 되어줄 거야. 그렇게 점차 바람직한 선택지가 넓어져. 원가정에게만 매달려 있던 것에 비하면 행복한 일이지. 반면 원가정과는 적정한 거리를 유지해야 해. 이때 만남과 통화의 횟수, 집과 집 사이의 물리적 거리를 조절하는 게 도움이 돼. 너무 가까이 살면 이사도 좋은 처방이야. 그 외 원가정과 거리를 유지하는 구체적인 방법은 이전 사례들을 참고하도록 해."

3. 가족문화 만들기

"무엇보다 지금 너의 가정, 이것이 아주 중요해. 남편도 아이도 비교적 네게 협조적인 훌륭한 가정이잖아? 상처 주거나 방해하거나 이런 거 없으면 훌륭한 가정인 거야. 네 힘으로 선택해서 이 훌륭한 가정을 일궈낸 거고.

앞으로 이 가정만의 '가족문화'를 만들어낼 텐데, 지금 이 단계에서 감정코칭을 배우면 훌륭한 정서적 리더로서 네 가정에 딱 맞는 문화를 잘 만들어낼 수 있을 거야. 재능도 있겠다, 공부도 하겠다, 이번엔 원가정과 달리 성공 케이스를 만들어내겠지? 네 아이가 그 혜택을 톡톡히 누리면서 건강하게 잘 자라나겠지? 네 아이가 잘 자라는 걸 보는 것 자체가 네겐 또 엄청난 치유가 될 거야.

우리, 은경이에게 박수 좀 쳐주자! 은경이, 질문 있니?"

"경계설정이 어려워요. 사실 거절해도 소용 없거든요. 지금도 서로 자주 싸우시고 그때마다 연락을 하시는데 전화를 안 받을 수도 없고…."

"왜 안 받을 수가 없어? 네가 안 받아야 해. 경계설정! 어른들이 이해할 수 있는 범주 안에서 선의의 거짓말을 동원해. 네가 감정코칭 학교에 다니기 시작했다고 해. 진짜로 다닐 거니까. 그리고 수업시간을 좀 길게 잡아. 늦게 끝나서 저녁까지 통화 안 된다고 해. 그럼 기다렸다 저녁에 하실 거잖아? 그땐 지금 학교에서 막 돌아와서 애들 밥 먹이느라고 너무 바쁘다고 해. 설마 그런데도 계속하시겠니? 만약 그런데도 하셔. 그럼 끊어. '아빠, 저 끊을게요. 애가 국 엎질렀어요' 해. 너는 부모님이 자신의 몫인데 스스로 처리하기 힘들어서 네게 가져온 감정을 받아서 대신 처리할 아무 의무가 없어. 어릴 적 놀이 중에 '반사놀이' 알지? '반사!' 외쳐서 말이나 행동을 도로 보내는 것. 똑같아. 부모님이 가져오신 말이나 감정을 '반사!' 해서 도로 보낸다고 생각하면 이해하기 쉬울 거야.

이제부턴 네가 이 관계에서 주도권을 가져야 하거든. 이 세상에서 '본인'은 하나야. 본인 뺀 나머지는 다 남이라고 했지? 부모도 가족관계로 얽힌 타자야. 타자가 네 삶의 주인이 되어서는 안 돼. '나 오늘 영어학원 가야지' 했는데 남편이 '그런 건 뭐 하러 하냐?' 했다고 '어휴, 내가 저런 놈하고 살면서 영어공부는 해서 뭐 해' 하고 드러눕잖아? 그럼 내 인생의 주인은 남편인 거야. 아침에 친정엄마가 상처 주는 말을 해서, 그 하루를 울면서 망쳐버리잖아? 내 인생의 주인은 엄마야.

내가 내 인생의 주인이 되려면 '내가 나를' 컨트롤할 수 있어야 해. '엄마, 저 코칭 학교 다니잖아요. 숙제가 엄청 많아요. 이러다 낙제하겠어요.' 이러면 어른들에게 공부는 또 좀 먹혀. 우리가 받은 것은 사랑보다 지성이랬잖니. 그런 식으로 주도권을 확보할 수 있는 것들을 모조리 동원해. 그러면 누울 자리 보고 다리 뻗으셔. 네가 한가하게 다 들어드리니까 너한테 순서대로 와서 하소연하시지, 네가 안 하면 두 분이 싸우시든지 알아서 해결하셔. 해결 안 되면 딴 데 가서 들어줄 사람 찾으셔. 언니를 믿어. 다른 사례도 다 그랬어. 여기는 안 받아준다 하는 순간 받아줄 다른 사람 찾아가셨다고. 경로당이 됐든 동창회가 됐든 이웃이 됐든.

마지막으로 앞으로 감정코칭을 배우다 보면 오히려 막 분노가 올라올 거야. '어떻게 어린애 앞에서 그렇게 부적절한 행동을 계속할 수가 있었지?' 화가 날 거고 화가 나야 해. 그걸 충분히 위로하고 치유한 뒤에야 네가 부모님을 '제대로' 만날 수 있을 거야. 그때는 지금처럼 겁먹지 않고 편안히 경계도 그을 수가 있을 거야. '그런 건 두 분이 처리하세요. 더는 제가 개입할 문제가 아닙니다' 할 수 있을 거야. 할 수 있어야 돼. 처음부터 네가 개입해서 해결될 문제가 아니었으니까.

아주 잘 써왔어. 이만큼 보아내고 맥락을 잡아내느라, 정말 정말 수고 많았다!"

우리는 은경이의 성취에 커다란 박수를 보냈다. 이제 은경이의 얼굴은 아주 시원해 보였다. 나도 속이 시원했다.

## 변화의 시작,
## '나는 원래 그런 사람이 아니야'

마지막 모임을 마친 뒤, 은경이가 곧장 감정코칭 전문가 과정에 등록했다는 소식이 들려왔다. 기뻤다, 빠른 행동력과 그것을 뒷받침했을 자신감이. 그녀는 변화하기 시작했다. 마지막으로 제출한 후기에서 그녀는 변화를 만들기 위해 대면했던 과정을 이렇게 적었다.

몸에 남아 있는 최초의 불안감에 관한 기억을 끄집어냈다. 영원히 정리되지 않을 것 같은 과거의 기억들이 서서히 질서를 잡아갔다. 그 기억들 속으로 들어갔다 나올 때마다 터지는 눈물에 놀랐다. 기억에서 흐려진 만큼 감정도 사라졌을 거라 생각했는데 아니었다.
글을 쓰면서 기억은 정교해지고 생생히 떠오른 감정에 눈물이 북받쳤다가 쏟아낸 만큼 시원해졌다. 다시 읽고 다시 쓰고를 반복하는 과정에서 내가 점점 치유되는 것을 느꼈다. 대면하기 힘들었던 그곳에 서 있는 어린 내 모습이 똑바로 보였다. 이제 더 이상 울지 않고 내가 나를 위로할 수 있었다.

모임을 신청했을 때의 걱정이 떠올랐다. 내가 '원래 그런 사람'인 것으로 결론이 날까 두려웠다. 다른 곳에서 원인을 찾게 될 줄도, '그럴 만했다'는 위로의 말을 듣게 될 줄도 몰랐다. 처음으로 온전히 위로받고 이해받는 시간이었다. 그저 못나게 타고난 내 문제라고만 여겼던 것이 조목조목 설명되어지자 뭔지도 모르고 짊어지고 있었던 짐을 벗어던지는 해방감이 들었다.
그렇게 가벼워진 마음으로 이제 나는 정말 무엇이든 해볼 마음의 힘이 생겼다. 언니는 내가 한 것이라고 했다. 나의 의지로 여기까지 온 것이라고. 잘했다고. 모니터 화면 속 언니들이 나처럼 기쁜 얼굴로 박수를 보내고 있었다.

나는 은경이가 첫 모임에서 자신을 소개한 '한 줄 프로필'을 다시 읽어보았다.

나는 혼자 알아서 길을 가는 줄로 착각한 기차다.

모임을 모두 마치고 다시 쓴 그녀의 프로필은 이러했다.

나는 내 마음의 보물을 발견하고 거기에 이르는 지도를 그리는 사람이다.

세상의 모든 아이들은 고귀하다. 그 아이들이 자라서 된, 세상의 모든 어른들도 고귀하다. 자꾸 잊을 뿐 우리는 모두 고귀하다. 그렇기에 아이일 때 부족했던 어떤 보살핌은 나중에라도 정성스럽게 보강되는 것이 마땅하다. 우리 모두에게는 그 과정을 서로 도와 완성해낼 연대의 책임이 있다.

자신 안의 고귀함을 발견한 은경이가 성공적으로 보물지도를 완성하기를. 그녀의 지도가 '영문도 모른 채 갑갑한, 또 다른 은경이'의 고귀함을 밝혀주는 빛이 되기를.

# 다섯 번째,

# 미영의 이야기

아빠가 엄마와 아이를
때리고 강압한 경우

## '가부장'이라는 야만의 왕좌

이번에 다룰 주제는 아빠의 폭력이다. 가정이 치외법권이었던 야만의 시절, 어리석게도 많은 남성들이 폭력을 제대로 가정을 관리하기 위해 꼭 필요한 훈육 정도로 여겼다. 당연한 일이었다. 결혼과 동시에 가장이라는 절대권력이 자동으로 주어졌으니. 가장이 될 준비가 안 된 남성이, 가족을 보호하는 역할을 맡은 바로 그 사람이, 왕좌에 앉아 수틀리면 가족의 몸과 마음을 파괴했다.

할아버지나 할머니도 부재했다. 있었다 해도 그분들 또한 남성 가장이 아내와 자식을 폭력적으로 다루는 것에 익숙했기에 큰 도움은 되지 못했겠지만.

그런 시절이었다. 사회적으로 무조건 남성이 옳은 시절. 여자는 대놓고 모자란 북어인 시절. 그래서 북어는 두드려 맞은 뒤에도 어디 나가서 일자리 하나 구하기 어려웠던 시절. 돈 때문에 새끼들 때문에 도로 주저앉을 수밖에 없었던 시절. 가정폭력이 너무나 만연해서 저항이 가능한지도 몰랐던 시절. '너네 아빤 회초리로 때리냐? 좋겠다. 우리 아빤 골프채로 때리는데.' 그럼 다시, '집에 골프채도 있어? 와, 너 잘사는구나?' 그러던 시절. 돈과 마음이 온통 뒤죽박죽 지뢰밭처럼 난립하던 시절. 무엇이 더 중요한지, 혹은 무엇이 옳고 그른지 말해줄 이도 없고 누군가 말해주어도 금방 돈과 성적과 같은 숫자 아래 깔려버렸던 시절. 시골의 조부모는 가난하고 도시의 부모는 피곤하고 자식들은 대학이 무슨 피난처인 양 그저 공부하면서 돌봄이 간절한 마음을 꾸깃꾸깃 뭉쳐 책상 서랍 속에 넣어두는 게 자식된 도리가 되었던 시절.

그 시절 아빠의 폭력으로 받은 상처를
우리는 지금 어떻게 치유해야 할까?

## 엄마는 아빠의 감정펀칭백, 나는 아빠의 대리성취감

**미영의 글은 아빠의 이야기로 시작했다.**

장남인 아빠는 회사를 다니다가 할아버지의 농사가 망하자 아기였던 나와 엄마를 데리고 고향으로 내려와 농사일을 시작하셨다. 와중에 다리를 다쳐 한쪽 무릎을 구부리지 못하게 되셨다. 아빠는 화를 자주 냈고 기분이 안 좋으면 심한 말로 집안 분위기를 살벌하게 만들곤 했다.

"지구 위에서 보자. 부모는 장성한 자식의 삶을 존중해야 한다고 했지? 육아는 스무 살 전까지 최선을 다하는 거고 자식이 어른 되면 집에서 방출하고 '맘껏 살아라' 해야 한다고. 그런데 그러기는커녕 할아버지가 아빠에게 '내가 잘못한 걸 네가 와서 수습해라' 하고 끌어들였어. 더구나 도시에서 멀쩡히 회사 다니며 잘 살고 있는 자식을 시골에서 농사지어 빚 갚으라고. 당시에는 자식을 어떻게든 서울 보내던 시절이었는데 이 할아버지가 어떤 가장이었는지 잘 알 수 있는 대목이야. 아빠가 어린 시절 어떤 방식으로 양육되었을지 알 수 있는 대목이기도 하지. 즉, 아들이 아빠에게 'No'라고 말할 수 있는 관계는 아니었을 거라는 거야. 인생을 송두리째 바꿔놓는 일이어도, 제아무리 싫어도, 하던 걸 멈추고 시골로 내려오는 수밖에. 게다가 아빠는 몸 쓰다 몸을 다쳤어. 원치도 않는 일을 하다 장애까지 얻었으니 맺힌 게 아주 많으셨겠어.

지구 위에서 보는 건 여기까지. 이건 뒤이어 나오는 아빠의 행동을 네가 용서하라든가 이해하라든가 하는 게 아니야. 그저 아빠의 배경은 이랬겠다 하고 객관적으로 보자는 것뿐."

"네."

미영이가 잘 알고 있다는 듯 끄덕인다.

아빠가 우리를 가까운 할머니 댁에 보낸 후 집으로 돌아오면 물건이 부서져 있고 엄마를 때렸던 흔적들이 있었다. 한밤중에 아빠가 화를 내는 소리에 자다가 깨기도 했는데 그럴 땐 너무 무서웠고 엄마가 우리 방으로 와서 울면 나는 자는 척을 했다. 후에 부모님에게 달려가 소리 지르고 아빠를 말리거나 엄마를 위로해주지 못한 나를 자책했다.

"네가 그 나이에 무슨 선택을 제대로 할 수 있었을까? 너 역시 그냥 이 상황의 피해자인데. 여기서 가해자는 한 명이고 나머지는 다 피해자인 거야. 게다가 엄마와 아빠는 너의 어린 세상을 떠받드는 양대 기둥이지. 그런데 둘 다, 하나는 괴물로, 하나는 피해자로 무너지는 상황이야. 당연히 너는 네가 지금 돌아봤을 때 흡족한 어떤 것도 할 수가 없었어. 네가 달려가 말렸다 한들 상황이 덜 악화되었으리란 보장도 없고. 그러니 자책은 하지 마. 응?"

"…네."

"엄마에게 한 번쯤 말씀드릴 수는 있어. '엄마, 그때 엄마가 우리 방으로 왔을 때 내가 엄마 되게 안아주고 싶었는데 나도 무서워서 못 했어. 마음은 그렇지 않았는데 엄마 혼자 울게 내버려두었던 거 미안해.' 이렇게 알려드리는 거, 이것 자체는 치유적일 거야. 엄마에게도, 그 말을 하는 네게도."

가끔 엄마가 나에게 아빠한테 맞은 얘기를 했는데 끔찍했다. 아빠를 향한 증오가 점점 심해졌고 아빠 같은 남자를 만나지 않는 것이 연애의 기준이 되었다.

"가족 모두 서로 존중하고 보살피는 가정이 10점 만점에 10점인 가족이라면, 1점짜리 가족이 이런 거지. 강자가 약자를 자기 감정의 펀칭백으로 삼는 것. 그래서 남성중심사회였던 우리나라에서 1점짜리 가족의 형태는 대개 아빠가 엄마를 펀칭백으로 삼았어. 이번엔 얻어터진 엄마가 다시 '아들보다 서열이 낮아서 만만한' 딸을 자신의 감정펀칭백으로 삼았고. 아들은 아빠에게서 배운 '힘의 원리'를 약자에게 착실하게 적용해 자기가 힘들 때 여자형제를 때리곤 했어. 결국 이 1점짜리 가정의 딸은 엄마가 아빠에게 얻어터지는 걸 보면서, 엄마의 뭉친 스트레스를 받아내면서, 남자형제에게 얻어터졌어.

참 가슴 아픈 일이지? 다시 보자. 할아버지가 아빠에게 '네가 받아!' 하고 나쁜 카르마를 던졌고, 그럼 아빠는 그걸 자기 대에서 필사의 노력으로 끊어야 했는데 결국은 '효도'라는 이름으로 할아버지 곁으로 돌아갔고 그에게 배운 것을 엄마에게 그대로 했어. 글에서 할아버지는 경제적으로 무능한 것만 언급되었지만 보나 마나 할머니를 때렸을 거야. 그래서 바로 이웃인데도 내내 며느리가 맞는 걸 모른 척했겠지. 이래서 카르마를 끊는 게 아주아주 중요한 거야."

나도 두 번 맞은 기억이 있다. 욱하는 아빠 성격에 비해 내가 기억하는 신체적 폭력은 그뿐이지만 어린 시절 아빠는 불편하고 두려운 존재였다.

"당연히 불편하고 두렵지. 먼저 '욱한다'는 표현, 이거 없어져야 해. 이 방에서라도 우리가 달리 써야 할 표현 두 가지가 있는데 '예민하다'는 것과 '욱한다'는 거야.

'예민하다'는 건 예전엔 별나고 까탈스럽다고 부정적으로 언급되었지만 이제는 '섬세한 감수성을 지녔으며 공감능력이 뛰어나다'는 뜻으로 바뀌어 사용되어야 해. 요즘엔 엄청난 장점이지.

'욱한다'는 것? 이건 그냥 '폭력'이야. 여자, 아동 가리지 않고 약자에게 행사했던 폭력을 일상적인 단어로 미화시켜서 생활 속에 스리슬쩍 자리 잡도록 허용했던 거지."

아빠는 가족이 아닌 타인에게는 잘해주며 신경을 많이 쓴다. 엄마를 더 이상 때리지 않게 된 계기도 어느 모임에서 동네 아줌마들이 "요즘 마누라 때리는 사람이 어디 있느냐!"라고 말한 걸 들은 후부터라고 한다.

"아빠에게도 개선의 여지는 있었네. 요만큼만 사회적 피드백이 주어져도 자기 행동을 개선할 수 있었던 거잖아. 교육하면 교육되는 분이었다는 뜻이지. 그러니까 도시에서 회사생활도 가능하셨을 거고. 만약 당시 우리 사회가 성숙했다면, 그래서 가정폭력에 적절한 제재가 가해지고 가장의 역할에 대해서도 (재)교육이 이루어지는 구조였다면 아빠는 훨씬 나은 가장이 될 수 있었을 거야. 안타깝다."

아빠가 성적에 집착하기 시작한 것은 초등학교 저학년 무렵부터였다. 등수가 떨어지면 나는 물론 엄마까지 질책했다. 시험 스트레스가 너무 심해서 시험 기간이면 배탈이 나거나 죽고 싶었다. 아빠는 나를 가르치다가 소리를 지르며 문제집을 찢었다. 청소년 시절 아빠와의 대화는 성적에 대한 비난이 대부분이었다. 어린 시절 앞에 나서기를 좋아했던 나는 점점 조용하고 소극적인 사람이 되어갔다.

“아직도 부모들이 자기 인생이 꼬이고 더 나아질 기미가 안 보일 때 자식에게서 대리성취감을 찾곤 해. 대리성취감은 아이를 나와 독립된 인격체로 존중하지 못할 때 갖는 거야. 나의 소유물로 여기는 거지. 그래서 대리성취감과 감정펀칭백은 동전의 앞뒷면처럼 붙어 있어. 인생에 대한 불만이 쌓일 때마다 나아갈 힘을 자신에게서 찾지 않고 자꾸 수족에게서 찾아. ‘나는 어차피 이 모양이지만 너라도 어떻게 좀 잘해봐’ 하는 거지.

그러고는 자식이 성취감을 주지 않을 때마다 성적이든 품행이든 자식의 일거수일투족에 불만과 분노를 터트려. ‘내가 널 위해 얼마나 희생했는데!’ 자신이 주었던 것은 희생이 아니라 요구였다는 걸 알지 못하고 말아. 희생이란 대가를 요구하지 않는 법이지.

참 안타까운 것이 잘한다, 잘한다 해도 학년이 높아질수록 학업 스트레스를 받는데 이렇게 잡아 족치면 무슨 힘으로 잘하나? 잘하고 못하고는 둘째고, 공부 자체가 아예 쳐다보기도 싫어지지. 아이가 점점 소극적이 되는 것, 이것도 당연하지? 매사에 지적받는 아이는 결국 눈치를 보며 웅크리게 되는 법이야.

우리의 부모님들은 '사랑이 밥 먹여주냐?' 말하곤 했어. 사랑보다 밥이 중요한 시절, '공부가 밥 먹여주냐?' 이런 말은 아무도 하지 않았지. 그땐 실제로 공부가 밥 먹여주던 시절이었으니까. 사랑보다 중요한 밥, 그 밥을 가져다주는 공부. 성적표를 가져가는 날이면 많은 부모님들이 자식 가슴에 대못 박는 말과 행동을 서슴지 않았지. 성적이 안 나오면 '집안 망신이다!'라고, 성적이 나와도 '긴장 늦추지 마!'라고.

우리가 지금도 너 나 할 것 없이 성적이나 평가에 극도로 민감한 건 온몸에 '상처'와 '성적'이 거의 동시에, 거의 동일한 것으로써 각인되었기 때문이야."

늘 아빠의 기대에 미치지 못했고 끝없이 부정적 메시지를 받았던 나는 스스로에게 불만족했다. 언제나 달성해야 할 기준은 높기만 했고 자신을 다그치다가 자책하기를 반복했다. 자존감, 자신감은 점차 낮아졌다.

"이것 역시 당연하지. 새싹을 자꾸 잡아당기니. 아무리 시들시들한 싹도 애정을 다해 보살피면 튼튼하게 크는 거고, 아무리 반짝반짝 올라오는 싹도 무리해서 잡아당기면 뿌리가 뽑히는 거야."

나는 주관이 거의 없이 살아와서 너무 답답했다. 내가 좋아하는 게 뭔지, 원하는 게 뭔지 몰랐다. 어떤 문제가 발생했을 때 양쪽 의견이 다 일리가 있어 어느 한쪽을 지지하는 것이 어려웠다. 글쓰기 모임에서 소희 언니가 "~하는 것 같다"는 표현 대신 "~하다"로 쓰는 훈련을 하라 했을 때 엄청난 노력이 필요했다. 그만큼 내 생각이나 감정을 표현하는 데 자신이 없었다. 부모님이, 선생님이 하라는 대로 순종하며 살았더니 '스스로 생각할 줄 모르는' 정신적 불구가 되었다.

직장에서도 과도한 불안과 걱정이 끊이지 않는다. 육아 또한 늘 노력하면서도 해주지 못한 부분을 자책한다. 아이가 떼를 쓰면 아빠처럼 자주 욱한다. 육아에서 벗어난 나만의 시간이 간절하면서도, 막상 그런 시간을 보내고 나면 우울하다.

"그래, 그럴 거야. 네가 아무리 작은 성취를 이뤘어도 인정과 격려가 따라왔다면 네 자신과 편안할 수 있었을 텐데. 소박한 말이어도 자신 있게 내뱉을 수 있었을 거고, 새로운 일에 겁부터 먹지 않을 수 있었을 거고, 작은 일에도 만족하며 살아갈 수 있었을 텐데."

결혼 전 아빠가 직장까지 찾아와 소란을 피운 적이 있다. 결혼

후에는 사위와 손주들에게 잘해주시고 나에게도 좀 조심스러운 모습을 보이신다. 그럼에도 나는 고마움보다는 원망이 크다.

"와. 대단하시네. 직장까지 오셨구나. 왜?"

"제가 전화를 제때 안 받았다고요."

"다음에 비슷한 일이라도 있으면 절대 앉아서 당하지 말고 경찰에 신고해."

"아, 그건…."

"신고해야 해. 적어도 네가 그날 그랬던 것처럼 아무런 저항 없이 '당신 마음대로 하세요' 하고 마무리해선 안 된다는 뜻이야. 당신 식구에 대해선 브레이크가 당최 없는 분이야. 하지만 다른 사람들에겐 조심하는 분이야. 동네 아줌마의 지나가는 말에도 신경 쓰잖아. 당신이 가정 내에서 하는 일이 사실 부끄러운 일이란 건 아는 거야. 그런데 가정에서 아무도 저항하지 않고 브레이크가 없으니 하던 대로 하는 거야. 이런 분은 외부 힘이 개입하면 바로 멈춰. 이 사건에 대해 그날 이후에도 부정적인 피드백을 안 드렸지?"

"네."

"미영아, 사방을 둘러봐. 넌 안전해. 할아버지 할머니도, 이웃도, 경찰도 안 도와주던 시골집에서 아빠의 난동을 고스란히 받아야 했던 시절에서 벗어났다고.

이제 네겐 힘이 있어. 아빠가 스스로 멈출 때까지 마냥 기다릴 게 아니라 네가 주도적으로 지킬 걸 지켜야지. 네 사회적 체면은 네가 사수해야 해. 미리 경고해. '또 직장에 찾아오셔서 망신을 주면 저는 경찰에 신고할 수밖에 없어요. 제 사회적 체면을 지켜주세요. 아빠만 사회적 체면이 있는 거 아니에요. 저도 성인이니 이제 가족 간에도 필요한 예의를 지켜주세요. 특히 업무 중엔 통화하기 힘들 때도 있어요. 그럴 땐 제가 전화드릴 때까지 기다려주세요' 이렇게. '전처럼 막무가내로 직장에 쳐들어오시면 신고 들어갑니다' 이렇게."

"결혼 후에는 많이 조심하시는 편이에요. 지금도 매일 전화를 하는데 이젠 그 명목이 거의 손주들 때문이에요. 그런데도… 저는 아빠 전화만 오면 가슴이 답답해요."

"왜 안 답답하겠니? 아이 바꿔주면 아이하고 할아버지만 통화하는 거야?"

"아뇨. 아이들이 어리니까 보고 싶으셔서 '애기들 뭐 했냐?' '밥은 먹었냐?' 그런 안부 물어보세요."

"거기에 널 괴롭히는 멘트는 거의 없다?"

"제가 말을 퉁명스럽게 하니까 짧게 하고 끝나긴 해요."

"응, 그건 잘하는 건데…. 매일 전화하는 거, 이거 사랑하는 사람들끼리 하는 거야."

"아빠는 저를 사랑하시는데…."

"아니! 둘 다 서로 사랑하는 사람들끼리 매일 통화하는 거라고."

"아!"

미영이가 이해했다는 듯 픽 웃는다.

"자, 여기 네 글을 보면 네가 내키지 않는데 매일 전화를 받을 어떤 의무도 없어. 엄마에게 이 정도 했으면 '난 아빠는 안 보고 살겠다, 엄마만 보고 살겠다' 해도 이 아빠는 하실 말씀이 없어.

부모와 경계설정을 할 때 언니가 '이 정도면 일반적으로 적당한 선이다' 말하는 성인 자녀의 기본 의무가 있어.

첫째, 매주 안부 인사드리는 것.

둘째, 명절에 찾아가는 것.

셋째, 나이 드신 분들이니까 일상생활에서 불편한 부분이 있어서 도움을 요청하시면 도와드리는 것. 정보(인터넷 세상에 취약하시니), 용돈(생활비 모자라시면), 돌봄(병원에 모셔가는 등) 같은 것들.

물론 이것을 실천하는 방식은 각 관계에 따라 유연해져야 할 거야. 매일 안부 전화하는 것이 즐거운 부모 자식 관계도 있을 것이고, 명절이라 해도 서로 보고 싶지 않은 부모 자식 관계도 있을 거야. 그런 관계는 하루아침에 만들어진 것이 아니지? 그러니 어느 한쪽이 우긴다고 하루아침에 바꿀 수도 없겠지? 양자가 서로 크게 무리되지 않는 지점을 찾아서 적정한 경계를 만들어야 해.

그런데 너는 아주 다정한 부모 자식 사이에서 하는 걸 하고 있네? 역시 이번에도 아빠의 요구에 의해서 너는 불편한데도 말야. 관계가 유지되려면 서로에 대한 애정과 관심의 수위가 맞아야 해. 만약 수위가 맞지 않는 데도 관계가 유지된다면 그건 한쪽이 질질 끌려다니니까 가능한 거지.

미영아, 너는 이렇게 질질 끌려다닐 필요가 없어. 불편함을 느끼면서 매일 통화할 필요가 없다고. 너 매일 아빠가 뭐 하시는지 궁금해서 이야기 나누고 싶어?"

"아뇨."

미영이가 1초도 망설이지 않고 고개를 젓는다.

"그런데 매일 네가 어떤 컨디션이든 아빠를 떠올려야 하고 대화도 해야 되는 거잖아. 여전히 네 생각이나 감정은 보호가 안 되는 거야. 매번 아빠의 방식대로 관계를 맺어. 네 의사는 반영되어 있지 않아. 어쩌면 아빠도 네 정확한 의사가 뭔지 모르실 수 있어. 네가 제대로 표현한 적이 없으니.

이 글을 봐. 너는 아빠의 무심한 말 한 마디에도 심판받는 기분이 들 수밖에 없어. 그럴 때 고구마 줄기처럼 줄줄이 떠오르는 과거의 상처도 많아. 이 관계에서는 네가 아주 취약한 입장이라고. 그 사이 아빠가 어디 가서 비폭력 대화를 배워 오셨을 리도 만무하고 사람이 안 바뀌었으니 당연히 너와 연결되는 순간 너를 대하던 과거의 말과 행동이 슬금슬금 새어 나오지. 그때마다 너는 기억하고 싶지 않은 것들을 기억하게 될 거고 좋은 기분 망칠 거고. 여전히 너는 아빠의 집에 살고 있는 거야.

자신을 위해 안전한 경계를 설정하고 생활을 안정적으로 사수할 필요가 있어. 여기엔 정서적 안전이 포함이야. 그래서 제안하는 건 네가 한 번 대차게 편지를 써야 한다는 거야. 아빠 얼굴을 마주하고 말할 힘이 아직 없는 것 같으니, 편지로.

어려울 거 없어. 파이널 에세이에 살 좀 붙여서 보내. 저는 이러이러해서 그동안 아빠로 인해 많이 아팠고 아직 다 나은 것 같지 않다. 그래서 아빠가 손주들 보고 싶어서 전화 매일

하시는 거 알겠는데 솔직히 나는 응대하기 힘들다. '아직 상처가 많아요. 가끔 제가 전화드릴게요' 용건은 이거지."

"요즘에는 1, 2주에 친정에 한 번씩 가거든요. 그럼 아이들을 봐주시고 저는 남편과 시간을 보내요."

"아, 그럼 그것만 해. 네가 같이 머무는 게 아니라 맡기고 나오는 거잖아. 아이들에겐 잘해주시지? 너와 아빠의 관계가 문제지, 할아버지와 손주들의 관계는 서로 아무 문제가 없으니 그건 괜찮아."

"머물기도 해요."

"그건 하지 마. 애들만 놓고 나오기 미안한 거라면 그럴 필요 없어. 아빠 역시 아이들을 보고 싶어 하시기에 서로의 니즈가 맞아떨어져서 하는 거잖아. 그것도 써. 손주들이 보고 싶으실 때 미리 연락 주시면 '저희 부부 형편될 때' 데려다 놓기는 할게요. 하지만 그럴 때에도 저는 데려다주고 데리러 가기만 할게요. 말했듯이 이 할아버지, 손주들 못 보고 사셔도 할 말 없는 할아버지야. 왕좌에 앉아 이렇게 모든 관계를 계속 자기 편의대로 누릴 자격이 없다고.

이게 단지 전화를 덜하기 위해서 그냥 편지를 쓰는 것 같지? 아니야, 여기에 숨겨진 의미가 커. 하나는 불편함을 표현한다는 것. 왕 룰로 돌아가던 가정에서 '당신의 방식이 싫다'고 네가 최초로 '저항'하는 거야.

아빠와 너의 관계를 네 손으로 재편성한다는 것. 끌려가는 것에서 주도하는 것으로, 수동적인 관계에서 능동적인 관계로 다시 맺는 거야. 그래서 편지를 쓰는 행위가 중요해. 네가 이걸 못 하면 아이들한테 그대로 카르마를 가지고 가는 거야. '저항'하지 않는 사람은 '수용'하는 사람이니까. 지금 이 내용을 봐봐. 네 안에 분노가 엄청 많아. 그걸 네가 지금 살살 웃으며 매일 전화 받으면서 뭔 좋은 불씨라고 계속 살려가고 있어. 너도 이 방에서 봤겠지만 어른들 중에도 '내가 그때 잘못했다. 다시는 그러지 않겠다' 스스로 깨닫고 사과하는 분들도 계셔. 그런데 넌 그 어떤 사과의 말도, 변화의 결심도 없는 상황에서 계속 그 수중 안에 다소곳이 있는 거야.

아직 아빠의 집에 살고 있으니 당연히 아이들에게도 그 카르마를 그대로 물려주고 있지. 아빠와 똑같은 폭력을 쓰는 수준은 아니겠지만 분노가 불쑥불쑥 올라올 때마다 네가 글에 쓴 것처럼 욱하는 행동으로. 강자에게는 표현하지 못했던 분노를 만만한 약자에게 표현하는 것, 대대로 그 집의 문화는 그거였고 네가 그 집을 제대로 떠나지 않았으니.

이 글은 정말 슬픈 내용이야. 너도 너지만 폭력의 최전선에서 평생을 산 엄마를 봐. 네가 이 글이 얼마나 슬픈지를 새롭게 느낄 수 있다면 좋겠어. 눈물이 나오려고 하는 걸 익숙하게 삼키면서 '에휴, 그땐 다 그랬지. 엄마가 불쌍하긴 하지만 아빠도 고생하셨지' 대충 이러고 접어버린다면 그날로 네 안에서 아우성치는 정당함의 촉은 다 죽어버리는 거야.

네가 받은 대접 중에 어떤 것이 부당했는지 너는 끝끝내 알지 못할 거야. 스스로 상처를 외면하는 거고 상처는 적절한 돌봄을 받지 못하는 거고 만성적인 통증을 달고 살아가는 거야. 무감하게. 자신의 고통에도, 타인의 고통에도 무감하게.

그래서 너도 네 아이를 그 무감함 속에서 대충 대할 거야. '다 지들 잘되라고 하는 거지. 애 안 때리고 키우는 사람이 어디 있어?' 이렇게 어영부영. 아빠가 네게 했던 것보다 약간만 순화된 버전으로 카르마는 다시 전수되겠지. 아빠의 집에서 대를 이어서."

“그런데 미영아, 너는 그런 결말을 맞이하지 않을 수 있어. 봐봐, 네 글에 힘이 있어. 이 글이 슬픈 글임에도 구석구석 정확해. 네가 왜 자존감이 낮아졌는지, 불안과 근심은 어디서 기원했는지, 왜 주관을 갖기 힘들었는지 등등 모든 인과관계를 똑 부러지게 분석해놨어.

그건 네가 원가정 안에서 벌어진 일이 무엇인지를 잘 파악하고 있다는 뜻이야. 그럼에도 그걸 알아봐주는 사람이 그 집에 없을 뿐이야. 상처를 준 아빠도, 동종의 상처를 지닌 엄마나 동생도, 아무도 이 상처를 드러내놓고 말하지 않거든. 살다 보면 있을 수 있는 일, 이대로 조용히 넘어갈 일 정도로 여기는 거지.

꺼내어 말하지 않으면 존재하지도 않는 법이야. 네가 표현한 '정신적 불구' 상태는 여기서 오는 거야. 결코 온전해질 수가 없지. 상처 입은 자신을 드러내지 않은 채, 상처를 입혔을 뿐 아니라 여전히 관계의 룰을 정해버리는 아빠의 기분에 맞춰 연기를 계속하고 있으니. 모두가 '그 일은 아무것도 아니었어' 하고 쉬쉬하고 있는데 아무것도 아닌 일을 굳이 꺼내 분란을 만드는 게 필요할까? 그때에 과연 이해받을 수 있을까? 넌 자신이 없어.

용기를 내야만 해. 너라도 드러내야만 해. 이 정도로 정확하게 분석할 수 있는데 그 힘을 드러내지 않고 계속 살살살살 웃으며 아빠 비위나 맞추는 거, 너한테 맞지도 않아. 네 발달단계에 안 맞는다는 거야. 어릴 땐 대충 맞았겠지, 뭘 몰랐으니까. 그런데 지금은 바보 흉내를 내기엔 네가 너무 대단해졌어. 이 발달단계를 자꾸 무시하고 덮으면 남은 건 퇴행일 거야. 다시 눈 가리고 아웅 하기. 어린 시절과 흡사한 가족문화를 지금의 가정에서도 재현하기. 결국 지금은 정확하게 보는 것들도 보이지 않게 되겠지. '사는 게 뭐 다 그렇죠' 그러면서 다시 두루뭉술. 약간 다르게 말해볼까?"

### 2단계 ◦ 위로와 긍정

“언니는 네 글을 읽는 동안 ‘어질러진 서재’가 떠올랐어. 어질러졌다고 해서 창고나 다용도실은 아니야. 무려 서재야. 다만 책이 너무 어질러져서 네가 서재 한가운데 서서 암담해하고 있어. 어디서부터 어떻게 정리해야 할지 모르는 채로, 차라리 아빠 전화가 오면 그냥 뛰어가서 전화나 받는 게 낫겠다 싶은 거지. 그런데 이 서재의 책장은 아주 잘 짜여져 있어. 모두 네 손으로 짠 거야. 튼튼하게 짰어. 책을 한 권씩 정리해서 올려주기만 하면 돼. 책도 잘 골라 갖다 놨어. 모두 양서야.

넌 지금부터 책을 하나씩 들여다봐야 해. 그래야 어느 책을 어디에 둘지 알 수 있지. 이 책은 이런 책이니까 이쪽에 모아서 꽂아놓고, 저 책은 저런 책이니까 저쪽에 이렇게 분류해서 정리하고 읽지 않을 건 과감히 버리고. 지금 이걸 해야 해. 이걸 하는 동안 전화 온다고 뛰쳐나가 받지 말고. 압도될 필요 없어. 잘할 거야. 이걸 잘하고 나면 서가가 굉장히 보기 좋을 거야. 평생에 걸쳐 모은 책들이라 아주 풍성한 서가가 될 거야. 여기에 긍정의 지점이 있어. 그게 뭐겠니?”

“제가 생각했을 때 제가 엄청 약하지만은 않은 게 있거든요. 때때로 강한 근성이 있어요. 또 제가 지금 이룬 가정도 굉장히 만족하거든요. 남편도 고맙고 아이도 사랑스럽고. 그런 가정을 이룬 원동력이 아빠였던 것 같기도 하고. 아빠 같은 남자를 안 만나면 너무 다행이다 하면서 골라서."

내가 크게 웃음을 터뜨렸다.

"맞아. 이 세상엔 반면교사처럼 큰 스승이 없지. 넌 보통의 아이들이 텔레비전 보면서 아이스크림 먹을 때, '난 저런 남자랑은 결혼하지 말아야지' 기준을 세웠겠지?"

"언니가 생각한 긍정의 지점은 뭔지 궁금해요."

"네가 말한 강한 근성도 맞는데 그걸 내 식으로 조금 바꿔 말하면… 이렇게나 잘 짠 책장? 튼튼하게? 이런 틀을 짜기까지 얼마나 고심해서 곱씹었겠어? 자라는 내내 아빠가 엄마를 한 번 때릴 때마다 네가 얼마나 많은 고민과 생각을 하면서 그 얼개를 만들었겠어? 남들 편하게 잘 때에도 너는 울면서 밤늦도록 책을 고르고 책장을 짰잖아. 결코 편한 삶이 아니었어. 네게 왔던 것들, 지금도 안 떠나는 그 많은 것들을, 너는 아무리 싫어도 '느끼고' '생각하고' '옳고 그름을 질문하고' '판단하고' '답을 찾고' 다시 '방황하고' '다짐하고' 그렇게 살 수밖에 없었어. 얼마나 스스로를 다그치며 생각을 거듭하고 곱씹었겠어?

네게는 따지는 힘과 분별력이 있어. 분별력이 있어야 따지지. 따져야 분별력이 생기지. 그런 걸 계속 연습해온 힘으로 이 글 속에 탄탄한 책장을 짜넣은 거야.

맞아, 아빠 덕분이야. 언니도 비슷해. 예전에 아빠가 독선적인 판단을 내리고 내 말을 더 들어주지 않으면, 들어주지 않는 말들을 내가 자신에게라도 들려주며 일기장에 떠들거나 길을 걸어다녔어. 아마 당시 토론대회가 있었으면 1등 했을걸? 내가 이렇게 말하면 아빠가 이렇게 나를 공격하겠지? 그럼 난 또 이렇게 반박해야지. 남자애들이 공터에서 축구연습하듯이 난 골목을 배회하며 그런 연습을 한 날이 너무나 많았어. 마냥 복종하기에는 억울하고 뭔가 그대로 끝내기엔 무력감을 견딜 수가 없으니 혼자서라도 계속 토론을 이어간 거야. 사실 애처롭지. 소녀가 어둑한 시간에 혼자 걸으면서 아무도 들어주지 않는 말을 자기에게 들려주며 울먹이는 모습. 하지만 시간이 지나자 그게 내게 엄청난 분별력을 단련시켜주었어. 행복한 소녀는 될 수 없었지만 생각하는 힘을 가진 소녀는 될 수 있었지. 물론 당시 언니의 꿈은 행복한 가정에서 텔레비전 보면서 아이스크림 먹는 거였지만.

그래서 우리 미영이나 언니나 아이스크림 대신 탄탄한 책장을 얻었다. 객관적으로 보아도 논리정연하게 잘 짜여진 책장이다. 책장에 그간 모아온 책들을 맞게 꽂아두기만 하면 된다. 지금 어질러져 있다고 지레 압도될 필요는 없다. 맘 꽉 잡고 한 권씩 들여다보면 맞는 자리를 찾아 꽂을 수 있다. 다 정리되면 매우 훌륭할 것이다. 오케이?"

"네."

미영이의 얼굴이 또랑또랑하다.

## 경계설정은
## 곧 관계를 재설정하는 것

"사실 긍정의 지점이 한 가지 더 있어. 옳고 그름을 오래 따진 사람은 반드시 약자에게 집중하게 되어 있어. 무슨 말이냐면 분별력이란 게 결국 옳고 그름을 오래 생각하는 힘이잖니. 미영이 너는 강자인 아빠가 약자한테 부당하게 하는 걸 오랜 시간 보는 게 힘들었던 거잖아. 그런 정의감은 어디 안 가. 강자가 약자를 보호하지 않는 걸 보면 민감하게 반응하게 되고 약자를 위해 공감하거나 돕는 일에도 굉장히 적극적이게 돼. 네가 살아가면서 좋은 일을 할 수 있을 거야.

자, 그럼 이쯤에서 퉁치고, 경계설정으로 가자."

## 3단계 ◦ 퉁치기와 경계설정

경계설정 아빠와의 거리유지

목적 아빠의 집에서 나와 나의 집으로 간다

방법 1. 물리적 거리유지

2. 감노트 쓰기

3. 편지 쓰기

4. 상처를 어루만지기

5. 분노조절 3종 세트 훈련하기

6. 이완시키기

1. 물리적 거리유지

"친정과 너무 가까우면 이사를 해. 물리적 거리 되게 중요하다. 예를 들어 부모가 다짜고짜 불러들일 때 "한 시간이나 되는 거린데 어떻게 지금 가요?" 같은 대화가 가능해지면 점차 만남의 횟수를 줄이는 데 큰 도움이 돼. 그리고 통화나 방문 횟수도 줄여야 해."

2. 감노트 쓰기

"책을 한 권씩 들여다보고 책꽂이에 꽂는 과정이 바로 이건데, 아빠와 관련해서 떠오르는 에피소드를 하나씩 감노트에 적는 거야. 쓰면서 되살아나는 감각과 감정을 제대로 알아봐주면서 이번엔 '맞는 감정과 감각'을 허락해주는 거야. 나를 찾아오는 감정과 감각을 충분히 허락하고 이름을 붙여 분노의 책은 분노 칸에 꽂고, 연민의 책은 연민 칸에 꽂고, 그런 식으로 어질러진 책들을 책꽂이에 꽂으며 서재를 정리하는 거야. 그렇게 충실히 위로해서 묵은 감정들을 떠나보내면 훌륭한 서재가 될 거야."

3. 편지 쓰기

"이게 급선무야. 미영아, 아빠는 네 인생에 이렇게 오랫동안 개입해선 안 되는 분이야. 말했지? 네가 '나는 앞으로 엄마만 보고 살겠어요' 해도 아빠는 할 말이 없으시다고. 대한민국이 아직도 가정 내 폭행을 너무 관대하게 넘기는 것이 문제일 뿐, 실제로 네가 그런 결정을 내린다 해도 비난받을 일이 전혀 아니야.

그런데 네가 아빠에게 '어릴 때 물질적인 부분을 해결해주셔서 감사했어요. 그렇지만 정서적으로는 너무나 불행했네요. 앞으로도 정서적인 부분은 최소한만 공유하고 싶네요' 하고 요즘식으로 얘기하면 못 알아들으실 거 아니니? 너 역시도 마주 앉아서 그런 말을 전할 자신은 없고, 또 말로 하면 그 자리에서 아빠가 보이는 반응(분노하거나 부인하거나 회피하거나)에 따라 네가 애초에 전달하고자 하는 바를 끝까지 전달하지 못할 가능성이 커.

그러니 편지를 써. 아빠가 일단 화가 나더라도 그래서 편지를 집어던졌더라도 시간이 지나 마음의 준비가 되었을 때 다시 집어들고 읽어보실 수 있게. 통화 횟수도 편지에서 언급하면 되겠지? 가끔 네가 원할 때 안부 전화만 하겠다고. 물론 아빠가 인정하고 사과하신다면 가장 좋겠지. 하지만 어디까지나 그건 그분이 알아서 선택하실 몫이야. 너는 '네 손으로' 적정한 경계를 긋고, 아빠가 사죄나 반성의 기미가 없으면 선 안으로 들이지 않는 거야.

편지에 대한 아빠의 반응은 사실 중요하지 않아. 더 이상 중요해서도 안 돼. 편지의 핵심은 그만 끌려다니겠다는 거고, 아빠의 반응과 무관하게 내 갈 길을 가겠다는 거니까. 부모와 적정한 거리를 유지하는 제대로 된 성인으로서의 진짜 삶. 그때에야 너는 아빠의 집을 떠난 거야. 더는 과거에 자신이 붙

들려 있도록 내버려두지 않는 거지. 이미 아까운 시간을 많이 붙들려서 보냈잖아. 행복할 수 있었는데. 이제 맘껏 행복해야지. 네가 소망해왔던 방식으로 현재의 가정을 자유롭게 꾸려야지."

4. 상처를 어루만지기

"엄마, 동생과 상처를 어루만지는 시간을 가져. 둘씩이든, 셋이 함께든 꼭 상처에 대해 말하고 위로하는 시간이 필요해. 피해자끼리의 연대는 언제나 치유적이야."

5. 분노를 조절하는 3종 세트 훈련하기

"위 1~4번까지를 실행하면 결과적으로 네 안의 분노가 많이 줄어들 거야. 하지만 완전히 없어지기까지는 꽤 긴 시간이 걸릴 테니 일상 속에서 분노가 올라올 때마다 바로 알아채고 끊는 훈련을 해보자. 특히 양육에서! 어린 시절 네가 아무 죄 없이 분노의 대상이 되었듯이 지금 네 아이도 죄 없이 분노의 대상이 될 수 있단 걸 명심하고.

예를 들어 아이가 물을 엎질렀어. 어릴 때 네가 실수를 하면 가혹한 질책이 뒤따랐어. 그래서 너도 모르게 아이의 실수 앞에서 분노가 치밀어. 그럴 때 바로 자각하고 분노의 고리를 끊어야 돼. '이 분노는 지금 아이가 물을 엎질러서 온 게 아니다. 아이는 일부러 엎지른 게 아니며 물은 닦으면 그만이다. 이건 그렇게 화낼 일이 아니다. 이 분노는 저 먼 데서 왔다' 이렇게. 백 번이면 백 번, 천 번이면 천 번, '습'이 완전히 사라질 때까지. 이걸 끊지 못하면 계속 분노와 후회의 악순환 속에서 사는 거야.

**알아채고–끊고–바로 사과하기,**
**분노 조절 3종 세트.**

사실 양육에만 해당하는 건 아니야. 남편에게든 동료에게든 마찬가지야. 언니가 자주 강조하는 것! 마음훈련도 근육훈련과 똑같아. 자꾸 그 부위를 반복해서 훈련하다 보면 그 부위에 근육이 생겨. 근육이 생기면 자연스럽게 통제가 돼."

6. 이완시키기

"그 외에 널 이완시키고 즐길 수 있는 게 있어? 등신짓 얘기하는 거야. 습관화된 불안이나 죄책감을 덜어내는 데 도움이 되거든."

"산에 가기도 하고요, 쇼핑을 하기도 하고요."

"잘한다!"

"피부관리를 받거나…."

"오오오, 관리받는 여자야?"

"네, 그런데 이건 할 땐 좋아서 하는데 돈 쓰고 난 뒤에 죄책감을 느껴요."

"그러지 마. 그럼 돈을 쓴 게 다 소용 없잖아. 아까운 게 되어버리잖아. 누리는 사람이 되어야지. '아아아, 자아아알 누렸다!' 이렇게 되어야 해. 그럼 이미 관리도 받는 여자니까, 마인드셋만 조금 바꾸면 되겠네. '내가 이런 걸 누려도 되나?'에서 '난 누릴 자격 있는 여자야'로. 그럼, 질문 있니?"

"아빠에겐 평화로운 게 좋잖아요? 이번에 글 쓰느라 옛 기억을 꺼내 복기하면서 굉장히 힘들었거든요. 지금 아빠와의 관계가 어찌 보면 과거는 묻어두고 평화로워 보이는 상태인데 굳이 분란을 만들고 싶지 않은 마음이 내재되어 있어요. 그런데 과거를 꺼내야 제가 자유로워질 수 있다는 거죠?"

나는 깊은숨을 쉬었다. 다시 반복이다. 당연하다. 그만큼 무겁고 무섭고 오래된 일이니까. 얼마든지 한 번 더 요약해줄 수 있다. 미영이의 마음에 확실히 가닿을 수 있다면.

"네가 지금 아빠와 경계설정이 잘되고 있다면 앞서 말한 방법 중에 아무것도 안 해도 돼. 경계를 잘 짓기까지 꼭 언니가 말한 대로가 아니더라도 유사한 노력들을 스스로 해왔단 뜻이니까. 그럼 하나도 안 해도 돼. 그런데 지금 경계를 못 짓고 있잖아. 여전히 끌려다니고 있잖아. 네가 이게 불편하잖아. 그렇다면 할 일은 명확한 거지. 편안해지기 위해서 앞의 노력들을 하나씩 하는 것.

만약 아빠가 나이가 들어 아파서 드러누우셨어. 언젠간 그런 날이 오겠지? 넌 어떤 마음이 들 것 같아, 이렇게 정리 안 된 채로?"

"짠할 것 같기도 하고… 강한 모습만 봤었는데 인간적으로 안쓰러울 것 같기도 하고…."

"그래, 굉장히 혼란스러울 거야. 지금 경계를 튼튼히 지어야 막상 편찮으실 때 네가 할 일의 경계도 제대로 보이고 그걸 기꺼이 할 수도 있어. 안 그러면 너는 이대로 끝까지 '아이구, 지겨워' 하면서 메이는 거야. 미움과 원망과 연민이 뒤범벅된 채로 간병한다고 뛰어다니겠지, 지금 손주 보여드린다고 뛰어다니는 것처럼. 책들이 계속 어질러진 한가운데 압도된 채 서 있는 거야. 물론 많은 사람들이 그러고 살아, 정리 안 된 채로. 그래서 일상 속에선 혼란을 느끼고 장례식장에선 몸부림치고 울지.

우리는 그러지 않기 위해서 여기 모였어. 객관적으로 지구 위에서 보고, 합당한 감정과 감각을 갖고, 그것에 맞게 관계를 재설정하는, 이런 것들을 평소에 공들여 해두려고. 후회 없이 잘 살고 싶어서.

긁어 부스럼 만드는 거라고 생각하는 그 부분, 그 두려움이 여전히 아빠의 폭력 속에 놓여 있음을 증명하는 거야. 이게 지금 두려워할 일이야? 다 큰 딸이 '저 매일 전화하는 건 좀 원치 않아요. 1, 2주에 한 번씩만 전화했으면 좋겠어요'라고 말하는 게? 이렇게 어린 시절 기억부터 탈탈탈탈 털어가지고, 결국 '아우, 건드리지 않는 게 좋겠다'가 되는 게? 그건 그냥 깡패하고 한 집에 사는 거야. 성인 자녀에게 이 정도 발언권도 없다는 건 아니, 일곱 살 자녀라도 마찬가지야.

그냥 묻고 갈 사안이 아니야. 그렇지 않아? 네 안에 계속 분노가 치밀잖아. 일상 속으로 그 영향이 다양하게 시시때때로 쳐들어오잖아.

경계설정, 할 수 있어. 관계의 재설정, 할 수 있어. 우리 미영이는 할 수 있어. 글에 굉장히 힘이 있어. 잘 할 수 있어. 너를 사랑해주는 마음으로 해. 중간에 내가 괜히 벌집을 건드렸나 싶은 약한 생각 올라올 때마다 너를 사랑해주는 마음으로 다시금 노력해."

## 부당함과 상처를
## 고백하기

미영이가 파이널 에세이를 가져왔다. 제목이 이미 많은 걸 말해주고 있었다.

New 쇼생크 탈출

"제목 봐라. 완전 맘에 든다!"

미영이의 글은 강하게 각인된 과거의 에피소드를 순차적으로 가져오는 식으로 구성되었다. 각 단락마다 엄청난 텐션으로 읽는 이를 끌어들였다.

1984년 싸늘한 바람이 불기 시작하던 어느 가을, 아빠는 엄마와 돌이 채 되지 않은 나를 데리고 고향으로 돌아왔다. 결혼과 학업을 해야 하는 형제들이 줄줄이었건만 할아버지께서 가정을 제대로 돌보지 않은 탓에 집은 빚더미였다. 짧은 신혼을 뒤로하고 부모님은 이때부터 손발이 부르트도록 소를 키워 빚을 청산했지만 돈이 모일 만하면 결혼하는 형제들 건사하느라 십수 년 동안 밑 빠진 독에 물을 채워 넣어야 했다. 그러다가 내가 네 살 무렵 아빠는 큰 교통사고로 한쪽 다리를 많이 다쳐 수술을 받았고, 이후 무릎을 구부리지 못하게 되셨다.

초등학교에 다닐 무렵 저녁밥을 먹다가 갑자기 아빠가 소리를 지르며 숟가락을 던진다. 엄마에게 욕을 하며 밥상을 엎기 일보 직전이다. 아빠는 화난 얼굴로 남동생과 나에게 5분 거리에 있는 할머니 댁으로 가라고 한다. 쿵쾅 뛰는 가슴을 안고 동생과 함께 어두운 길을 달려 할머니 댁으로 간다. 할아버지와 할머니께 아빠랑 엄마가 싸운다고 제발 가서 말려달라고 울며 말한다. 하지만 할아버지는 상황만 물어보실 뿐 싸움을 말릴 어떤 행동도 없이 아빠를 못 말린다고만 하신다. 아! 할아버지도 해결하지 못할 상황이면 어린 나와 동생은 어떡하나. 절망과 공포가 몰려오고 눈물이 가득 차오른다.

집으로 다시 돌아가는 길, 엄마는 괜찮을까 조마조마하며 들어선 방은 물건들이 어질러져 있고 아빠는 나갔는지 보이지 않는다. 다급하게 찾은 엄마는 무겁게 가라앉은 채 집 안을 정리하고 있다. 평소 흥얼거리며 노래하던 엄마의 밝은 목소리는 젖어 있고 슬픈 눈의 얼굴은 비참하다. 아빠가 돌아오는 소리가 들린다. 다시 가슴이 쿵쾅거리며 불안해진다.

"이 막강한 텐션 좀 봐. 물론 이건 네 인생 자체가 드라마였기 때문에 어느 에피소드를 선택해도 이 정도 긴박함과 처절함이 생긴다는 슬픈 사실을 기반으로 해. 하지만 그것만으로 글이 될 리 만무하고, 네가 최상의 에피소드를 선택해서 적재적소에 활용해냈다는 뜻이야. 네게 벌어진 것의 실체가 무엇이었는지, 완전히 이해한 뒤에야 이렇게 재구성할 수 있어. 책을 하나하나 들여다보고 책장에 분류해서 정리하기! 추리고 세밀하게 써내려가는 동안 미영이가 많이 울었을 거야. 그리고 그 과정 자체가 굉장히 치유적이었을 거야."

그녀가 그렇다고 고개를 주억거린다.

여름인데도 한기가 드는 늦은 밤, 집을 뛰쳐나와 정신없이 걷다가 버스정류장에 털썩 앉는다. 버스는 끊기고 인적도 없는 거리를 바라보다 눈물이 터져 나온다. 급하게 나오느라 지갑은커녕 티셔츠 안에 속옷도 제대로 갖춰 입지 못한 내 모습이 처량하다.

'저놈은 동생이 아니라 미친놈이다.' 사춘기 동생은 부모님에게서 채우지 못한 마음을 분노로 표현했다. 동생이 시비를 걸면 나는 방문을 닫아걸고 들어간다. 동생은 미친 듯이 문을 두드리고 상스러운 욕을 해댄다. 아빠가 엄마에게 했던 것처럼 물건을 던지거나 나를 때리기도 한다. 다른 점이 있다면 난 엄마처럼 당하지만은 않고 같이 싸운다는 것.

너무 괴롭지만 나는 그런 동생을 품을 수 있을 만큼 성숙하지 못했고 동생은 그저 아빠처럼 나를 괴롭히는 존재로 느껴진다. 오늘은 정말 경찰서로 달려가 신고하고 싶지만 동생 인생을 망칠 거라는 막연한 두려움에 그러지 못한다. 바꿀 수 없는 가족들에 둘러싸여 어둠의 터널을 그저 걷고 또 걷는다.

"이 부분은 지난 시간엔 언급하지 않았잖아. 그때도 이미 지하 3층이었는데 지하 4층이 또 있었구나. 할아버지로부터 시작된 카르마는 이렇게 손자에게까지 착실하게 전수되었네. 역시 긴박하고 처절한 묘사로 가져왔어. 이쯤 읽고 나니 언니도 울지 않을 수가 없었어. 우리 미영이, 안아주고 싶더라."

아이를 기르다 보니 부모님을 닮은 나를 본다. 새벽에 일어나 소젖을 짜고 풀을 베러 다니느라 엄마는 집에 있을 때면 늘 피곤해 드러누워 있었다. 나도 아들이 놀아달라고 하면 갑자기 피로가 몰려온다. 아이가 고집을 부리고 떼를 쓰면 안에서 화가 올라오고 소리 지르고 싶은 걸 꾹 눌러 참는다. 아이는 자기 세상의 주인공으로 사는 건데 주인공으로 살아보지 못한 내가 억울한 건가.

다시 초심을 상기한다. 행복하게 해주려고 이 세상으로 오게 했고 내가 살고 싶었던 대로 살 수 있도록 도와주고자 했던 마음으로 육아를 시작했었다. 어떻게 하면 웃게 할까 고민했던 때로 돌아가 본다. 아침에 눈 떴을 때부터 살을 부비고 눈 맞추고 웃으며 순간을 놓치지 않고 장난을 친다. 착 감기지 않는 애정표현일지라도 더 끌어내 하다 보면 어느새 아이는 순해지고 깔깔거리고 있다. 아이가 웃으니 나도 따라 기분이 좋다. 애정을 담은 눈빛으로 상냥하게 대하면 아이의 온도가 바뀌는 게 느껴진다. 우리는 서로를 거울처럼 비추고 있다.

"좋지?"

전화벨이 울린다. 아빠라고 뜨는 화면을 보는 순간 가슴이 답답해지고 불안한 듯 심장박동은 빨라진다. 아빠 기준에 미치지 못하는 직장을 얻었지만 어쨌든 경제적으로 독립했는데도 아빠와의 관계는 디폴트값이었고 여전히 나를 아빠의 울타리 안에 놓으려 했다. 내 안의 불만의 목소리는 커졌고 그 목소리를 들은 아빠는 분노를 쏟아냈다. 전화를 받지 않자 직장까지 찾아와 욕을 해댄다. '널 어떻게 키웠는데 은혜도 모르는 나쁜 딸' 취급하며 죄책감을 느끼도록 하고 나의 사죄를 받아낸 후에야 돌아가는 아빠를 보며 나는 감사보다 두려움과 원망을 느꼈다.

"잠깐만! 마지막 문장에 '감사'가 왜 나와?"

미영이는 '감사'라는 어휘를 전면에 깔아놓지 않고는 '두려움', '원망' 같은 어휘를 아빠에게 사용하기 어려웠던 것이다. 스스로를 억압하고 있다는 뜻이다. 자신의 감정을 있는 그대로 인정하지 않고, '효'나 '도리'처럼 세뇌된 낡은 당위에 묶어놓은 채.

내가 아이들을 사랑하는 걸 보면 부모님께 받은 사랑이 있기 때문일 것이다. 먹을 게 풍족하지 못했던 어린 시절, 내가 좋아하는 산딸기를 따놓고 기다리던 엄마 손은 가시로 여기저기 긁혀 있었다. 소젖을 짜다가도 틈틈이 배드민턴을 쳐주시던 아빠는 내가 상장을 받아오면 기뻐하셨고 여기저기 자랑을 하셨다. 이것은 나에게 동기부여가 되었고 학교에서 인정받은 경험 덕에 그나마 자신감을 채울 수 있었다. 지금의 외유내강인 내 모습은 나름의 높은 기준을 세우고 밀어붙인 아빠로부터 단련된 것이다. 용돈을 받을 때마다 모욕감을 주었지만 대신에 교육에 관해서는 최대한 지원해주셨고 스스로 악착같이 밥벌이를 하도록 내몰아 경제적으로 독립할 수 있었다.

다른 단락들과 달리 아빠와의 관계를 정의하는 부분에 이르자 미영이의 글은 급격히 날카로움을 잃고 엉성해졌다. 아직 더 도움이 더 필요해 보였다.

"여긴 중요한 부분이라 더 정확히 분석할 필요가 있어. 엄마의 '가시로 여기저기 긁힌 손', 이건 사랑과 헌신 맞지. 아빠가 '높은 기준을 세우고 밀어붙인' 것은 사랑과 헌신이 아니야. 외유내강, 단련, 그런 단어와도 맞지 않아. 이건 널 위한 것이라는 미명 하에 아빠가 자신의 '인생의 피로'를 배설하는 방식이었어. 네 피로와 무기력도 여기서 기원하였고. 아빠의 폭력을 빼고도 말이야.

또 이 부분. '모욕감을 주어 경제적 독립을 도운 것.' 이런 독립은 아주 부정적인 독립이지. 아이가 '내가 더러워서 돈 벌고 만다' 이렇게 되는 독립. 부모가 힘을 줘 내보내는 독립이 아니라 아이가 악에 받쳐 떠나는 독립. 물론 이것도 독립인 건 사실이야. 그런데 이런 독립을 이룬 사람은 자연스럽게 원가정 근처엔 잘 얼씬거리지 않아. 최소한만 얼씬거리지. 네 생활에서 어떤 것이 부자연스러운지 생각해볼 지점이지?"

# 아빠에게 쓰는 편지

결혼 후 아빠는 사위를 살갑게 챙기신다. 손주들과는 어찌나 잘 놀아주시는지 어릴 적 기억에는 거의 없는 자상한 표정이 낯설 때가 한두 번이 아니다. 여전히 엄마에게는 기분에 따라 함부로 말하지만 아직은(?) 아빠를 버리지 않은 엄마의 선택을 존중해드리기로 한다.

"그렇지. 이혼에 대한 선택은 부부 당사자가 내리는 것이지. 하지만 네가 같이 있을 때만이라도 아빠가 엄마를 함부로 대하시면 목소리를 내. 여성들끼리의 연대가 별게 아니야. 엄마 편 들어. 아빠가 엄마를 무시하는 언행을 하면 그렇게 하지 못하게 해. 외면은 안 돼. 복종도 안 돼. '자꾸 그러시면 내가 고생하는 엄마 보기 힘들다. 나 안 온다' 그런 카드 써도 돼. 써야 돼. 엄마가 사위와 손주들 앞에서까지 인격적인 모욕을 받게 하지 마."

나태하고 게으른 내 모습을 용납하지 못해 늘 스스로를 어딘가로 끄집어 당겼다. 가만히 있으면 불안하니까 목적지도 없이 여기저기 기웃거렸다. 어쩌다 빈둥거리거나 돈을 쓰면 꼭 자책이 따라붙었다. 이제 그럴 때면 소희 언니가 말한 '잘 누렸다', '난 그럴 만한 자격이 있다'를 되뇐다. 그 말 몇 마디에 이렇게 편해질 마음이었다니. 지금껏 나를 옥죈 것도 말 몇 마디에서 시작되었을 터였다.

글쓰기 모임을 하면서 긴 시간 고뇌했던 문제가 모임 몇 번에 해결될 거라 기대하지 않았다. 그런데 과거에 일어난 상처에 집중된 포커스가 내 안의 욕망으로 자주 옮겨간다. '해서 뭐 해'가 '한 번 해볼까'로 바뀌었다. 나는 간절히 기다려온 것이다. 짧지만 내가 바라던 그 말을 누군가 해주기를…. '괜찮아, 할 만큼 했어, 잘하고 있어', '지금 이대로도 충분해', '하고 싶은 대로 해, 놀아, 좀 막살아!' 결코 가볍지 않은, 살아온 생을 담은 묵직한 그 말이 과거를 헤매는 나를 지금으로 데려다 놓는다. 그렇게 들은 말을 내 안에 새겨 필요할 때마다 꺼내본다. 너의 목소리가 나의 목소리가 되어 울린다.

나는 여유로운 일상에서 행복을 느낀다. 남편에게 요즘 내 꿈은 한량이라고 했더니 픽 웃으며 그러라고 한다. 나 되게 진지한데 농담으로 받네. 좋아! 할 수 있어! 미영아, 맘대로 해!

마지막 부분에 좋은 문장들이 많았다. 당연했다. 직접 시도해보고 나서 알게 된 뒤에만 쓸 수 있는 문장들이니.

"언니가 여기 신나게 밑줄을 몇 개나 그었다. 마무리가 아주 좋아, 박수!"

미영이에겐 이미 행동하고 있기에 투명해지는 것들이 있었다. 앞으로도 꾸준히 해나간다면 더 투명해질 것들이었다. 반면 시작을 못 해서 여전히 불투명한 것도 있었다. 행동으로 옮길 때에만 투명해질 것이었다.

"아직 편지를 못 썼지?"

"…네."

"쓰고 나서 저 에세이도 다시 수정하렴. 그때야 엉성한 부분들이 완성될 거야. 제목에 딱 맞는 글이 될 거고."

며칠 후 미영이에게 전화를 했다.

"소희 언니야."

그 말만 했을 뿐인데 미영이 목소리가 촉촉해졌다.

"부쳤어요. 특송으로."

아빠께

아빠, 내가 민준이, 민희를 키우면서 마음이 답답하고 힘들어서 왜 그런지 알고 싶어 몇 년간 계속해서 책도 찾아보고 상담도 받고 그랬어. 그러다가 내가 힘든 이유가 오랫동안 나를 짓눌러오던 아픈 기억들에서 시작되었다는 걸 알게 됐어. 그리고 최근에 글쓰기를 시작하면서 감추고 누른다고 해결되는 게 아니라 드러내고 표현해야 내가 제대로 살아갈 수 있다는 것도 배웠어.

아빠는 젊은 나이에 시골로 내려와 힘든 일을 시작했고 가족뿐만 아니라 친척들까지 책임져야 했지. 게다가 사고까지 당했으니 아빠 삶이 얼마나 무겁고 힘들었겠어. 어렸을 때 아빠 엄마가 한 고생을 옆에서 보며 자랐기 때문에 아빠 삶이 버거웠을 거라는 걸 알고 있어. 그래서 아빠를 이해하고 내 상처는 다 덮고 살아보려고 했는데 그게 잘 안 되더라고.

어릴 적 나는 아빠가 정말 무서웠어. 아빠는 화가 나면 엄마나 동생과 나에게 큰소리를 지르거나 욕을 했고 어쩔 땐 물건을 던졌잖아. 엄마 아빠는 정말 많이 싸웠고 할머니 집에서 돌아와보면 물건이 부서져 있고 엄마에게는 맞은 흔적들이 보였어. 한밤중에 자다가 싸우는 소리에 잠에서 깨면 너무 무서워서 작은방에서 울음을 삼켰고, 싸움이 끝난 후 엄마가 우리 방에 와서 울면 난 자는 척을 했어. 좀 커서는 그때 소리 지르며 싸움을 말리거나 엄마를 위로하지 못한 나를 얼마나 자책했는지 몰라.

엄마가 도저히 못 참고 짐 싸서 집을 나갔다 돌아온 다음 날 아침에도 방에는 몽둥이가 부서져 있었지. 가끔 엄마가 아빠한테 맞은 얘기를 했는데 순간적으로 욱한 아빠가 담뱃불로 엄마 팔을 지졌다는 얘기를 들었을 때는 아빠에 대한 미움이 엄청 컸어. 결혼 상대로 절대 아빠 같은 남자를 만나지 않겠다 굳은 결심을 했어.

초등학교 때부터 아빠는 공부와 성적 얘기들을 질리도록 하고 또 했지. 시험을 보면 늘 틀린 문제에 대해 비난하고 질책했어. 엄마한테도 교육을 잘못 시킨다며 늦은 밤까지 잠 안 재우고 공부시키게 했는데 그 밤이 정말 싫었어. 그때부터 나는 시험

스트레스가 너무 심해서 시험 기간에 죽고 싶다는 생각을 많이 했던 것 같아. 초등학교 때 한번은 시험을 못 봐서 집에 가는 게 너무 무서워 친구를 데려갔는데 친구 앞에서 손가락으로 배를 찌르며 혼내서 너무 치욕스러웠어.
시험을 못 보면 아빠는 문제집 검사를 했고 큰소리로 문제집을 읽고 가르치다가 '왜 이해를 못하냐?'며 문제집을 던지기도 했었는데 기억나? 그런 상황에서 내가 어떻게 공부를 좋아하고 잘할 수 있었겠어? 공부 때문에 이렇게나 혼나고 무섭고 나를 바닥까지 끌어내리는데. 내가 민준이한테 그런다고 생각해봐. 아빠는 당장 나한테 그만두라며 말리지 않겠어?

난 정말 아빠한테 칭찬받고 인정받고 싶었어. 그런데 아무리 해도 아빠의 기대에 미치지 못했지. 아빠에게 받은 최고의 피드백은 '노력은 한다'였어. 그런 내가 너무 무능하게 느껴져 자책을 많이 했고 지금도 나 자신을 다그치고 자책하는 습관이 깊숙이 자리 잡고 있어. 아빠에게서 하도 비난을 많이 받고 자라서 다른 사람이 조금만 지적해도 나도 모르게 화가 나고 욕지기가 나오고 수치심과 죄책감이 불쑥 올라와. 겉으론 그걸 누르니깐 멀쩡해 보이지만 상담을 받았는데 내 안에 분노가 가득하대. 마흔을 앞둔 요즘에도 아빠가 나한테 지적하는 말을 하면 뭐가 치받아 올라와 아빠한테 툭 내뱉어버리잖아. 이제는 남편과 애들한테까지 별거 아닌 일에도 화가 올라와서 꾹 눌러 참아야 해.

초등학교 때 쥐불놀이가 너무 하고 싶었는데 위험하다며 못하게 하니깐 내가 반항해서 아빠한테 뺨을 맞아 서럽게 울다 잠든 기억, 거짓말했다고 머리채 잡혀 땅으로 내쳐진 기억들은 평상시엔 잊고 있다가 갑자기 불쑥 떠올라. 내가 20대 후반일 때도 아빠가 직장으로 찾아와서 소리치고 욕을 했고 동료가 그걸 본 적이 있어. 그때 충격이 너무 크고 무서워서 가슴이 벌렁거렸고 지금도 나한테는 상처로 남아 있어.
나를 존중하지 않은 폭력적인 말과 행동에서 느꼈던 서러움, 억울함, 슬픔, 원망, 분노의 감정들은 시간이 지난다고 사라지는 게 아니었어. 부모님이니까 그럴 수 있다고 무시해버린 감정들은 고스란히 쌓여서 나 자신을 무기력하고 우울한 존재로 만들어버리더라. 나는 나 자신을 혼내고 믿지 못하는 게 더 익숙해.

난 안정된 직장만 얻으면 행복할 줄 알았어. 결혼을 하고 아이까지 있으면 과거는 다 잊고 무조건 행복할 줄 알았어. 그런데

난 여전히 아빠가 나에게 했던 대로 스스로를 부족하다며 계속 몰아붙이고, 뭔가를 하지 않으면 불안해. 마음이 편한 상태가 아니니까 남편과 애들한테도 그 짜증과 화가 전해지니 이젠 안 되겠다 싶어. 지금부터라도 어질러진 채로 무시해버렸던 나를 들여다보고 정리하고, 무겁게 짓누르고 있는 억압도 내려놓으려고 해. 그러자면 난 이제 아빠 집에서 나와 새로운 내 집으로 가야지. 늦었지만 정신적으로 제대로 독립해서 나도 거리낌없이 행복해야지. 그래야 내가 공들여 이룬 가족들을 행복하게 해줄 수 있을 테니까.

다 커서도 엄마 아빠한테 전화가 오면 가끔 가슴이 막힌 것처럼 좀 답답하고 그래. 어릴 적부터 아빠 전화 통화 내용은 공부했냐는 잔소리와 감시여서 그런 것 같아. 도움이 필요하거나 용건이 있는 경우는 어쩔 수 없지만, 안부전화는 내가 가끔씩만 할게. 아이들이 보고 싶으실 테니 엄마 아빠가 일 없는 주말 하루 맡기면 좋을 것 같은데, 엄마나 아빠가 힘들면 그렇게 하진 않을 거고.

이렇게 편지를 쓰기까지 몇십 년이 걸렸어. 어렸을 땐 수도 없이 하고 싶었던 말이었는데 아빠가 무서워서 못 했고, 커서는 어차피 말해도 알아주거나 달라지지 않을 테니 내가 그냥 묻고 살아야지 해서 못 했어.
이제라도 편지를 쓰는 이유는 감추고 눌러둔 상처가 더 커지기 전에 밖으로 꺼내 표현하고 내려놓기 위해서야. 우리 애들한테는 내가 겪은 상처를 대물림하지 않고 끊어내야 하니까.

엄마 아빠가 고생하며 이만큼 길러주고 때론 어린 시절 따뜻하고 행복한 순간들도 있었는데 이런 말들만 해서 죄송해요. 아픈 기억들을 내려놓게 되면 그때 감사와 행복했던 기억들을 더 꺼낼 수 있을 것 같아.
공부를 잘하든 못하든, 실수를 하든 안 하든, 내 존재 자체로 충분하다는 말이 살아온 내 인생 전체를 걸 만큼 어려운 말이 되었지만, 그래도 내 안에 포기하지 않는 끈질기고 강한 근성이 길러진 건 아빠 덕분이야. 그러니 어떤 판단이나 평가 없이 딸이 진짜 어른으로 성장하고 행복할 수 있도록 그저 지켜봐 주세요.

여름 미영 드림

# 자기 생의 운전대를 잡다

**미영이는 편지를 보낸 뒤 어떤 마음이었을까? 아빠는 어떻게 반응하셨을까? 공동체 모두가 궁금했을 것이다. 나도 마찬가지였다. 미영이가 마지막 글을 보내왔다.**

## 탈출, 그리고 여행

아이들이 독감으로 입원을 했다. 점심을 먹이고 치다꺼리를 하는데 병실 문이 열리고 아빠가 들어오신다. 인사만 하고 얼른 아빠 눈을 피한다. 내가 보낸 편지를 받아본 아빠가 어떤 반응일지 조마조마하다. 그런데 아빠는 "민준이는 남편 닮고, 민희는 너 닮아 좋겠다. 고생해라" 같은 평소엔 하지 않던 말을 남기고 조용히 돌아가셨다. 아빠가 분노와 날카로운 말들을 쏟아낼 거라는 나의 예상은 빗나갔다. 그 후 연락하지 마시라는 언급대로 전화를 한 번도 하지 않으신다. 그동안 나를 긴장시키고 불안하게 했던 연락이 내가 조절 가능한 상태로 바뀌니 가장 먼저 드는 생각은 '나는 이제 안전하다'였다.

엄마와 오랜만에 오붓하게 이야기를 나누었다. "엄마, 엄마가 내 엄마라서 정말 다행이고 고마웠어." 몸이 부서지도록 희생하신 엄마가 "너희들에게 해준 게 뭐가 있다고…" 하셨다. '그 누가 엄마처럼 할 수 있겠어. 몇 번을 다시 태어나도 난 엄마처럼 할 자신이 없는데….' 미처 말이 되어 나오지 못한 마음이 미어진다.
"일만 하지 말고 엄마가 하고 싶은 걸 함께 찾아보자. 아빠로 인해 엄마가 힘들지 않도록 내가 곁에서 도울게." 애쓰며 살아온 서로를 안아주고 위로했다.

결혼을 앞둔 동생과 통화를 했다. 사춘기 시절 있었던 동생의 폭력에 대한 이야기를 꺼내니 동생이 "돌아보니 내가 누나한테 정말 잘못했네. 누나에게 의지하고 싶었는데 잘 안되니깐 불만을 그렇게 표현했어. 그래도 방법이 정말 잘못됐던 것 같아. 미안해." 진심 어린 사과를 해주었다. 나 역시 누나로서 의지가 되지 못한 부분을 사과하며 서로 간에 해묵은 응어리를 풀었다.

플라타너스 나무가 우거진 숲길을 걷는다. 돌쟁이 딸을 태운 유모차를 끄는 남편의 옆모습이 평온하다. 옆길로 빠져나가니 코스모스가 흐드러지게 피어 하늘거리고 주변으로 흐르는 강은 햇살을 받아 반짝거린다. 반짝거리는 빛이 스며들어 내 마음도 따뜻해진다. 안전하고 견고한 평화가 나를 둘러싼다.
홀로 드라이브하며 예약해둔 마사지를 받으러 가는 길, 쿵쿵 울리는 음악 소리를 들으며 내 가슴을 조이는 매듭을 풀어낸다. 잠들기 전에도, 잠에서 깬 후에도 늘 묵직하게 눌려 있던 마음의 무게가 가볍다. 나는 오랫동안 자유를 갈망했고 영화 〈쇼생크 탈출〉의 앤디처럼 준비해왔다. 도끼로 아빠 집에 박아 놓은 말뚝의 줄을 내려찍어 끊어냈으니 이제 드넓은 자유의 바다로 항해를 떠나려 한다. 내가 하고 싶은 것에 오롯이 마음이 가본 적이 언제였던가. 발길 닿는 대로 이 길 저 길 여행하며 미흡한 지도를 채워나가다 보면 아주 멋진 나만의 지도가 완성되어 있겠지.

첫 모임에서 그녀의 한 줄 프로필은 이러했다.

나는 너무 높은 이상을 좇아 계속 달리는 사람입니다.

마지막 모임 후 다시 쓴 한 줄 프로필은 이것이다.

나는 나만의 지도를 만들기 위해 여행을 시작한 자유로운 항해사입니다.

미영이의 마지막 글을 읽는 동안 또 한 번 뭉클한 감동이 가슴을 꽉 채웠다. 다 읽고 나서 그녀에게 문자메시지를 보냈다.

'아빠, 엄마, 동생, 차례대로 숙제를 모두 마쳤구나. 정말 용감하게 해냈다. 이제 자유로운 항해로 멀리멀리 나아가기를. 종종 그 배에 엄마도 태워 드리고 함께 즐거운 시간 갖기를. Bon Voyage!'

# 여섯 번째,

# 희진의 이야기

엄마가 아이에게
신세한탄을 하고 때린 경우

## 최하위에 놓인 딸들

이번 사례는 '엄마의 감정펀칭백이었던 딸'이다. 시어머니가 며느리를 괴롭힌 것도 아니고 엄마가 딸을 괴롭히다니. 그런 사례가 얼마나 많은지 글쓰기 모임을 진행하며 사실 상당히 충격을 받았다. 하지만 사회학적으로 보면 자연스러운 일이다. 어떤 위계의 피라미드에서든 하위의 약자가 최하위의 약자에게 힘을 사용하는 건 반드시 있어 왔기에. 그럼으로써 자신이 위로부터 짓눌렸던 억압을 배설하고, 주어진 쥐꼬리만 한 권력을 누렸다. 이 관계의 피라미드가 이제 당신에게도 선명히 보일 것이다. 여기서 하위의 약자란, 남성 그러니까 가장과 아들, 그 아래 놓인 여성을 말한다는 것을.

그중에서도 최하위에 놓이는 건 딸들. 태어나면서부터 엄마에게 아들을 못 낳았다는 수치를 안겨준 딸들. 아들이 버젓이 '집안의 기둥'이었을 때 잘해봐야 '살림 밑천'이었고 못하면 '힘들어 죽겠는데 왜 너까지 지랄이냐'는 말을 들어야 했던 딸들.

당시 엄마들은 사랑도 적게 받은 데다 지성마저 받지 못해서 '배워서'라도 카르마를 끊을 힘이 없었다. 그래서 자신이 어릴 때 받았던 수모를 그대로 딸에게 반복했다. 그 딸들은 내게 와서 이렇게 절절하게 서러움을 토해냈다. 마치 '엄마에게 꼭 한 번쯤 이렇게 말하고 싶었어요' 하는 것처럼.

> 엄마….
>
> 엄마는 아빠와 달라.
>
> 엄마는 첫 품이야. 내가 뱉은 첫 마디야.
>
> 아니, 엄마는 말이기도 전에 체온이고 냄새야.
>
> 엄마는 첫사랑이야. 아빠에게서 사랑을 못 받아도 엄마가 사랑해주면 아이는 괜찮아. 그런 엄마가, 어린 나에게 온 세상이고 온 우주였던 그 소중한 엄마가 왜 나를 그토록 미워했을까? 나는 어쩌면 평생 똑바로 설 수 없을지도 몰라. 엄마가 툭하면 나를 그토록 짓밟았으니. 아름다운

말들을 할 수 없을지도 몰라. 엄마가 툭하면 나를 더러운 년이라 불렀으니.
알아, 엄마도 힘들었던 것. 어릴 땐 딸이라서 천대받았고 오빠와 남동생을 위해 불쏘시개처럼 이용당했지. 결혼해 보니 남편은 능력도 안 되는 주제에 왕이고, 시부모는 무식한 주제에 하늘이고, 아들은 보란 듯이 성과를 내주어야 하는데 무심하기만 해서 당신의 애를 태웠지.
그래서 내가 엄마 곁을 뱅뱅 맴돌며 다정한 눈길 한 번 받으려고 따뜻한 인정의 말 한 번 들으려고 그렇게나 애를 썼어도 엄마에겐 조금도 기쁨이 되지 못했어. 내가 실수할 때만 엄마는 내가 보였어. 화풀이할 대상을 찾을 때만 내가 보였어.

나를 그렇게 막 대해서 엄마는 덜 힘들었어?
내가 불행해지는 것으로 엄마는 행복해졌어?

그럴 리가 없지. 내 엄마니까. 자식이 불행하면 절대 행복해질 수 없는 게 엄마잖아? 자식을 낳아보니 더더욱 엄마가 내게 했던 행동들을 이해할 수가 없어. 이해할 수 없는 정도가 아니라 가슴을 쥐어뜯으며 울부짖고 싶어.

이렇게 예쁜 아이에게 왜 그랬어? 아이가 내게 와 예쁘게 굴 때마다 내가 얼마나 기쁘면서도 슬픈지 알아? 왜 나를 이렇게 기뻐도 슬퍼야 하는 감정의 불구로 만들었어? 엄마가 나를 사랑해주었다면 난 정말 온 마음을 다해 엄마를 사랑할 준비가 되어 있었는데. 엄마 인생에서 엄마를 조건 없이 사랑해줄 첫 번째 사람이 되어주었을 텐데.

왜 그랬어?

왜 늙고 아프니까 이제 와 나를 찾아?

왜 이제야 아들 소용없다고 해?

왜 딸은 꼭 있어야 한다고 해?

왜 아들에게 돈 다 주고 내게 돈 얘기를 해?

왜 내게 매일 전화해서 힘든 얘기를 해?

우리, 힘든 얘기 주고받는 그런 사이였어?

왜 나만 그걸 몰랐을까?

내가 힘들 때 엄마는 어디 있었는데?

아니, 나를 힘들게 한 건 바로 엄마 아니었어?

설마… 하나도 기억 못 하는 거야?

내게는 인생 내내 짊어져야 했던 바위였는데,

엄마에겐 기억조차 안 나는 배설이었던 거야?

## ‘내가 문제야’라는
## 오래된 세뇌에서 벗어나기

**희진이의 글은 이렇게 시작한다.**

나의 바위는 엄마였다. 엄마는 보수적이기로 유명한 지역의 산골에서 팔남매 중 여섯째로 태어났다. 아들 넷은 모두 서울의 명문대를 보낼 정도로 교육열이 높았던 외할머니는 남매 중에서도 공부를 제일 잘한 장녀인 이모가 국민학교를 졸업하자 몸이 불편했던 막내이모를 맡기셨다. 엄마는 어린 시절 친척 집을 전전하며 지냈고 고등학교 졸업 이후에는 집에 돈을 벌어다 주는 역할을 했다고 한다.

"하아, 보수적인 산골, 게다가 한 세대 전 팔남매 중 여섯째 딸, 아들은 넷. 이 정보만으로도 숨차다. 부모가 아들들 끼고 공부에 전 재산 올인할 동안 똑똑한 장녀에겐 몸이 안 좋은 막내를 맡겨. 또 다른 딸인 엄마는 입 덜려고 친척 집에 보내고. 그동안 여러 사례를 스터디해온 사람들은 이제 이 정도 정보로도 다소 그림이 그려지지?

이렇게 자란 엄마가 딸의 정서적 결핍을 이해하기란 힘들 거란 것. 엄마는 후진국에서 '밥' 한 공기를 위해 집에서 내쫓기기도 했는데, 딸은 선진국 사람들이나 관심 가질 '정서' 타령을 하고 있으니 엄마 입장에서는 기껏 배부르고 등 따시게 해줬더니 헛소리하는 격이지. 이 딸이 엄마에게 가서 공감받으려고 얼쩡거린다면 좌절로 이어지기 쉬운 구조라는 걸 지구 위에서 볼 수 있을 거야.

한편 지구 위로 조금 더 높이 올라가서 더 넓은 시각으로 내려다본다면 외할머니의 선택이 매우 대중적이고 자연스러웠다는 것도 알 수 있어. 완벽히 남성중심적인 경제구조에서 여자애들은 돈 들여 교육시켜 봤자 취업할 데도 변변치 않고 시집가면 남편 집안 재산이 되니 누가 딸에게 투자하겠어? 외할머니는 나름 타산적인 선택을 하셨다고 할 수밖에."

1단계 ◦ 대면과 이해

엄마는 외할머니를 대신해 집을 깨끗이 청소하고 적은 재료로 맛난 요리를 해 가족에게 대접하곤 했다. 우리 엄마가 그렸을 행복한 가정이란 깨끗하고 맛있는 요리가 있는 집이 아니었을까 싶다. 지금도 엄마의 집은 늘 정돈되어 있고 언제나 먹을 음식이 많은 그런 곳이다.

**"좋은 관찰이야. 엄마가 능력도 장점도 많은 분이시구나. 하지만 당시 대부분의 엄마가 그랬듯이 엄마의 '좋은 가정'에 대한 정의에 정서적인 것까지 포함되어 있진 않다는 건 주목하자."**

원가정에서 벗어나고 싶었던 엄마는 가난한 집안의 장손이자 소위 개천에서 용 난 아빠와 결혼했고, 그와 외모부터 성격까지 꼭 빼닮은 나를 낳았다.

엄마는 집을 깨끗이 청소하고 요리 솜씨를 발휘해 맛있는 밥상을 차려내는 본인만의 방식으로 아빠에게 사랑을 표현하였지만 집안의 귀한 장손으로 키워져 밥상받는 것에 익숙해져 있던 아빠는 그런 엄마를 고마워하거나 특별하게 여기진 않았다.

아빠는 항상 바빴고 남편 역할보다 장남 역할에만 충실한 나머지 엄마에게 소외감을 주었다. 우울감이 심해진 엄마는 자주 침대에 누워 있었다.

"꽤 정성스럽게 엄마의 입장을 헤아려봤구나. 첫 문장에서 엄마가 너에게 '바위'였다고 선언하면서도 엄마가 어떤 노력을 했고 그것이 어떻게 좌절되었는지, 그 전후맥락을 이해하려고 애쓴 너만의 애정이 느껴져.

그래, '효자'라고 불리는 남자들은 소위 '마마보이'들이지. 엄마 젖도 못 뗀 채 새 가정을 꾸린 남자들. 그래서 두 가정 중 어느 것이 자기가 돌봐야 할 진짜 가정인지를 평생 헷갈려하면서 양쪽을 들락거렸지. 희진이네의 경우엔 장남인 아빠가 아예 원가정에 우선적인 소속감을 가졌던 것 같구나. 엄마가 많이 외로우셨겠어. '효녀'라고 불리는 '마마걸'들도 마찬가지야. 친정과 지나치게 가까워서 남편들을 외롭게 하지.

엄마는 결혼 전 그토록 열악한 자원만 주어졌어도 돈도 벌고 살림도 하셨던 분이야. 그러니까 여건이 어떻던, 반드시 할 일을 찾아낼 만큼 능력도 많고 인정욕구도 큰 사람이었어. 그걸 자기계발로 풀어낼 사회적 여건이 되었다면 참 좋았을 텐데. 결혼 뒤에는 그걸 아빠를 통해 충족시키고자 해. 뜻대로 되지 않자 원망과 좌절을 희진이에게 투사하기 시작하지."

엄마는 집에 없는 아빠를 대신해 나에게 화풀이하기 시작했다. 지금 돌이켜보면 엄마는 무뚝뚝한 아빠를 외모부터 성격까지 똑닮은 내가 유난히 미웠을 것 같다.

"말도 안 되지? 희진아, 여기를 읽으면서는 언니가 걱정이 되기 시작했어. 네가 너무 엄마 입장에서 이해하려고 애쓰고 있어. 아마도 평생을 그렇게 살아왔지 싶은데….

남편을 닮았다고 아이를 미워하는 건 정상적인 게 아니야. 단지 원망이 깊어서 병이 든 상태지. 네 말대로라면 왜 세상의 그 많은 여성들이 이혼할 때 그렇게나 양육권을 가지려고 싸우겠니? 아무리 남편이 미워도 아이와 남편을 별개의 독립된 존재로 분리할 이성은 남아 있어야 정상적인 모성이야. 엄마는 그저 아빠와 풀어야 할 것을 풀지 못했고 그것을 딸에게 푼 것뿐이야. 비겁하게도 눈앞의 약자에게, 부당하게도 전혀 잘못된 번지수에.

그런데도 엄마가 얼마나 오랫동안 '네가 아빠를 닮아서'라고 변명을 늘어놓았는지, 또 너는 그 부당한 상황을 얼마나 이해하려고 노력하고 또 자책까지 했는지, '엄마는 내가 유난히 미웠을 것 같다'고 썼어. 아주 세뇌가 되어버린 거지."

나는 초등학교 시절 유난히 행동이 느리고 공상을 많이 하는 아이였고, 자주 물건을 잃어버리거나 행동이 굼떠서 할 일을 못 했던 것 같다. 기억이 분명하진 않지만 그럴 때마다 엄마한테 매를 맞거나 엄청 혼이 났다.
글씨가 예쁘지 않아서 매를 맞은 기억도 난다. 도시락 가방을 학교에 두고 왔던 어느 날인가는 엄마가 나를 혼내는 것만으로 분이 풀리지 않았는지 늦은 저녁 시간에 학교에 돌아가 도시락 가방을 가져오라 했다. 컴컴한 학교 복도를 마주하니 귀신이라도 튀어나올 것 같아 도저히 교실까지 갈 용기가 나지 않았지만 도시락을 가져가지 않을 경우 엄마에게 혼날 일이 더 큰 공포로 다가올 정도로 엄마는 나에게 무서운 존재였다.

혼나거나 매를 맞을 때마다 엄마의 단골 멘트는 "지 아빠 닮아서 애가 맹하고 느려 터졌다. 답답하다"와 같은 말이었다. 그런 말을 들을 때면 대체 나는 왜 이렇게 맹하고 느려터지게 태어나서 엄마를 답답하게 하는가 싶어 나 자신이 미웠던 건 물론이고, 그런 유전자를 물려줘 엄마의 사랑을 못 받게 만든 아빠까지 원망스러울 정도였다.

초등학교 2학년쯤, 아이들 사이에서 유행하던 롤러스케이트를 타고 구름사다리 건너기를 하다가 발이 미끄러져 구름사다리 사이에 턱이 끼었다 바닥으로 떨어진 적이 있었다. 정신을 차려보니 턱 아래 선홍색 피가 뚝뚝 떨어지고 있었고, 걱정의 눈으로 나를 바라보는 주변 아줌마들에게 둘러싸여 있었다. 나는 내가 피를 흘리고 있다는 사실보다 또 맹하고 멍청한 내가 '롤러스케이트를 타고 구름사다리 건너기' 같은 맹하고 멍청한 짓을 한 사실을 엄마가 알면 얼마나 혼날지가 먼저 걱정되었다. 동시에 내가 괜찮은지 다정하게 걱정해주는 아줌마들 중 한 명이 우리 엄마이길 바랐다. 그래서였을까, 그녀들에게 도움을 요청하듯 "우리 엄마한테 알리지 마세요. 우리 엄마 계모예요"라며 울며 말했다.

아니나 다를까. 이 사실을 알게 된 엄마는 딸이 급소 바로 위의 턱이 찢어져 큰일 날 뻔했다는 사실보다 자신을 계모라고 말한 사실에 분개해 치료도 받지 않은 나를 때렸다. 주변 엄마들이 놀라서 그만하라고 말릴 정도였다.

"자, 희진아. 언니 똑바로 봐봐. 이 기억들은 절대 네가 굼뜨거나 모자라서 벌어진 일들이 아니야. 이건 엄마가 깊이 병들었던 시기에 너에게 하지 말아야 할 가학적인 분풀이를 해서 벌어진 일들이야. 그때 엄마가 자기 마음 편하자고 말도 안 되는 이유를 갖다 붙인 것뿐이야. 그러니 엄마가 네게 붙인 해석 따윈 빡빡 지워버리자.

너는 절대 굼, 뜨, 거, 나, 모, 자, 란 아이가 아니었어. 너는 그냥 사랑스러운 아이였어. 도전하고 실수하고 장난치고 상상하는 아이. 그러면서 자신의 속도대로 성장하는 지극히 정상적인 아이. 엄마의 무리한 요구를 다 들어주려 애쓰고, 함부로 대하면 또 그런대로 당해주던, 너무나 착한 아이."

글쓰기 모임을 시작하는 날 참가자에게 한 줄 프로필을 쓰게 하고 마지막 모임 날 다시 쓰도록 하는 이유가 여기에 있다. 자신에게 덧씌워진 타인의 정의에서 벗어나 제대로 자신과 대면하고 스스로를 재정의 내리는 과정은 중요하다.

"오밤중에 도시락 찾으러 애를 보낼 일이야? 텅 빈 학교가 밤에 얼마나 무서운데? 그것도 여자애를? 그리고 숙제를 안 한 것도 아니고, 해놨는데 글씨가 안 예쁜 게 맞을 일이야? '예쁘게 써라' 하면 될 일이지? 예쁘다는 기준도 그래. 천 명이면 천 명이 다 다른 게 글씨체인 건데. 오죽하면 애가 피가 나고 있는데 고작 자기를 보호한다고 한 게, 엄마한테 알리지 말란 거잖아. 보통 애들이 이럴 때 울면서 엄마를 찾지? 다치자마자 첫마디가 '음마!' 하고 터져 나오잖아. 공상하는 거? 이거야말로 아이들만의 재능이자 특권이지? 모든 창의력도 여기서 나오고?

희진아, 너는 앞으로 시간이 날 때마다 감노트에 상처받았던 순간들을 적어보는 게 좋겠다. 이 글에선 도시락 찾으러 갔었다, 두어 줄뿐이지만 더 깊숙이 당시의 감정과 감각 속으로 들어가야 해. 카페나 도서관 같은 곳에 자리 잡고 앉아서 집중해서 푹 잠겨 들어가봐. 그날 어둠은 어땠는지, 네가 그래서 얼마나 무서웠는지, 집으로 갔더니 엄만 뭐라고 하셨는지 디테일을 최대한 떠올려봐.

그거 하면서 희진아, 눈물이 나오면 울어. 어떤 것도 억누르지 말라는 뜻이야. 이번엔 찌꺼기 남기지 말고 제대로 올라오게 해줘야지. 올라온 것들에 대해선 '이름 붙이기'를 제대로 해서 정리해줘야 해. '내가 굼떠서' 같은 엄마가 이름 붙인 것들을 지워버리고 '실제 있었던 사실'을 네 언어로 다시 재정의해서 저장하는 과정 말이야.

역사적인 대형사건만 왜곡되었을 때 다시 써야 하는 게 아니야. 만약 5.18 민주화운동이 지역 폭도들이 일으킨 야만적

민란으로 공식기록되어 전해진다고 생각해봐. 그 희생자들은 어떤 마음으로 살아갈까? 너무 거창한 비유라고 생각하겠지만 그렇지 않아. 개인의 역사도 마찬가지야. 노트에 글을 쓰는 행위는 네가 네 역사(그러니까 '기억'이지)를 바로잡는 과정이야. 이 과정에서 억눌러두었던 내면아이의 상처도 보듬어지겠지? 잘못된 자아상도 수정될 거야. 자아상이 업그레이드되면 말이야, 어마어마한 일들이 벌어져. 업그레이드된 자신에게 걸맞는 많은 것들을 새롭게 해낼 수 있거든."

사춘기에 접어들자 엄마는 더 이상 나를 때리지 않았다. 나는 나의 '맹하고 느려터진' 답답한 성격을 보완하기 위해 공부를 열심히 하기 시작했다. 엄마한테 인정받기 위해 적성에 맞지도 않는 임원을 하면서 모범생이 되었다. 그렇지만 엄마는 그런 나보다 싹싹하고 빠릿빠릿하다는 친구 딸 칭찬을 더 많이 했다. "영희 걔는 애가 어쩜 그렇게 싹싹하니?" "난 주희 엄마가 너무 부럽더라" 같은 말들.

가끔 엄마는 나의 노력을 요령 없이 무식하게 파고드는 그 무엇으로 평가절하하기도 했다. 남동생은 공부를 못했지만, 엄마는 "쟤는 노력을 안 해서 그렇지 노력만 하면 머리가 좋아서 너보다 훨씬 공부를 잘할 애야"라고 말하곤 했다. 나는 결코 엄마 성에 차는 딸이 아니었다. 당시 나는 이유 없는 두통과 체증에 자주 시달렸다.

"청소년기엔 그래도 때리진 않고 말로 상처를 주셨구나. 그래, 애들은 때리고 개들은 잡아먹던 시절이었음을 감안하자. 우리 사회는 정말 빠른 속도로 바뀌었지. 그러니 그쯤에서 매질을 멈추신 것만으로도 계속하신 것보단 아주 다행이야.

자, 여기서 다시 한번. 언니가 강조하는 '나나 잘하자'는 '내 삶은 내 스스로 낫게 만든다'는 뜻이지? 남 탓하며 앉아서 불평만 하지 말고 주체적으로 살기. 그런데 당시 여성들은 가족 구성원의 조력자로만 살아야 했어. 심지어 엄마는 대장부 기질을 지니셨는데도! 자기 생에 주인의식을 갖기 어려우니, 남편이든 아이든 '남'이 자기 생을 낫게 만들어주길 기대할 수밖에. 내 삶이 성에 안 찰 때마다 희진이처럼 만만한 대상에게 불만을 터트리고, 내가 못 해낸 이상적인 성취를 그 대상에게 투영하면서 그가 못 해내면 조롱하기도 해. '나'의 불만은 결코 '남'이 채워줄 수 있는 성질의 것이 아닌데 말야. 그래서 만족은 늘 어렵고 지적만 쉽지."

## 잘못 굳어진 가족 내 갑을관계

"성적이 안 나왔다면 아마 성적 갖고 자존감을 깎아내리셨을 거야. 그런데 잘하니까 엄마는 다른 트집거리가 필요해. 넌 계속 체하고 아파. 왜 안 아팠겠니? 지지와 응원만 받아도 성장통을 겪느라 아플 시기인데.

잘못된 갑을관계가 회사 또는 학교폭력이 난무한 중2 교실에만 있는 게 아니지? 가족관계에서도 마찬가지야. 부모라는 갑의 권력을 약자인 자식에게 남용하기 시작하면 아이 힘으로 관계를 바꾸기란 참 어려워. 우등생이 되었든 말았든 이 그릇된 갑을관계는 끝나지 않지. 잘 보이려 애쓰면 또 다른 못난 지점을 찾아냈을 거야. 을이 순응하는 한 갑은 하던 대로 계속해. 그래서 오히려 네가 여기서 벗어날 수 있었던 방법은 공부를 잘하고 반장을 하는 것보다 엄마에게 반발하는 거였어. '이제 당신이 날 못살게 굴 수 없다', '날 함부로 대하지 마라.' 다양한 저항의 방식으로 알렸어야 해. 포기시키는 거지.

이즈음에 친구관계는 어땠니? 준거집단을 가정에서 또래집단으로 옮기는 것만으로도 엄마의 비중을 낮추는 데 도움이 되었을 텐데."

"저희 엄마가 학교에서도 학부모회 회장이셨어요. 학교에 가도 엄마가 선생님 수준으로 계셔서…. 성격이 세셔서 어딜 가도 대장 노릇하시는 분이라 엄마의 레이더에서 벗어나기 힘들었어요."

"능력 있는 분이니 아내 역할에서 오는 좌절을 학부모 역할에서 만회하셨던 모양이구나. 남동생 학교에서도 하셨어?"

"남동생은 공부도 못하고 언니가 말씀하신 것처럼 반항도 엄청 해서 엄마가 손을 놨어요. 그래서 더 저한테 그랬었던 것 같아요."

"알겠다. 한마디로 남동생은 손에 안 쥐어지고 넌 쥐어졌던 거야. 자식이란 있는 그대로 존중해야 할 대상이지? 그런데 소유물처럼 장악하려는 엄마 아래에서 남동생은 일찌감치 잘 도망쳤고, 넌 고분고분 맞춰주고 있으니 요구가 끝이 없구나. 마치 엄마는 대장, 너는 졸병처럼."

대학 입학 후에는 엄마도 본인 친구들과 많은 시간을 보내시고 나도 내 삶을 따로 영위하면서 서로 딱히 부딪힐 일은 없었다. 오히려 친구처럼 잘 지낸 것 같기도 하다. 이 시기에 엄마에 대한 나쁜 기억은 없다.

"엄마가 드디어! 신경을 끄셨어. 엄마가 정서적 준거집단을 남편 → 아이 → 친구로 옮기셨어. 이것만도 다행이야. 끝까지 따라다니는 분들도 계시잖아. 짐작건대 네 대학이나 직업이 엄마에게 어느 정도 대리성취감을 드렸던 모양이다. 흡족해지셨고 잠시 너를 놓아줄 수 있었던 거지. 하지만 말했듯이 남이 만족시켜줄 수 있는 것에는 한계가 있는 법이지?"

결혼식 무렵에 엄마와의 갈등이 다시 수면 위로 떠올랐는데 나는 감정 기복이 심한 엄마의 심기를 건드리지 않고 최대한 평화롭게 결혼식을 진행하고 싶어 엄마가 원하는 대로 맞춰주었다. 이 부분이 아직도 상처로 남아 있다.

“불행한 결혼생활을 하신 분들이 꼭 자녀 결혼할 때…. 이 참에 당신들 결혼을 맘껏 다시 하시려고….”

모두 깔깔 웃는다.

“당연히 상처지! 문제 상황에서 매번 그랬듯이 그때도 막말과 우격다짐이 있었을 거 아냐? 넌 또 울면서 다 받아들였을 거고. 네가 길 가다가 모르는 사람한테 주먹으로 퍽 얻어맞은 적이 딱 한 번 있다 치자. 평생 잊을 수 있겠어? 한 번뿐이었다 해도 말이야. 그런데 이건 네게 사랑을 주어야 할 사람이 지속적으로 감정의 펀치를 날린 거야. 잊을 만하면 또. 끝났나 하면 또. 당연히 못 잊지.”

**2단계 ◦ 위로와 긍정**

나도 모르게 깊은 한숨을 쉰다.

“희진아, ‘지구 위에서 보기’는 말이야, 다 용서하고 다 화해하려고 하는 게 아니야. 냉정할 정도로 객관적으로 보면서 딱 벌어진 그대로를 이해하려고 하는 거야. 그대로를 이해하고 과도한 해석은 금물. 절대! 오버는 안 돼.

네 경우에 '아, 울 엄마 너무 고생하셨어. 그러니 내가 이해해드려야 해' 이건 오버야. 옆집 아주머니를 볼 때와 마찬가지로 엄마를 그냥 한 인간으로 보는 것이 지구 위에서 보기야. 엄마라는 사람은 '그런 환경에서 자랐고, 그런 남편을 만나서 그런 관계를 맺었고, 와중에 딸을 낳았는데 그런 식으로 키웠구나' 여기까지야. 절대 오버는 안 돼. 이미 네가 오버하면서 엄마에게 맞춰 살아왔기 때문에 오래된 '습'을 버리는 게 앞으로 이 관계에서 큰 도전이 될 거야. 그리고 버리는 만큼 성공할 거야. 엄마에게 이런 서운한 감정을 몰아서 얘기해본 적은 없겠네?"

"네, 없어요."

"괜히 졸병이 대장님 들쑤시고 싶지는 않겠구나."

희진이가 대장님 호명에 웃음을 터뜨린다.

"그래, 그럼 대신 엄마가 희진이 네게 들어오실 때라도 선을 분명히 그어야 해. '저쪽에 계세요' 하는 거지. 지금은 어떤 개입을 하고 계시니?"

"지금은 개입이라기보다 하소연을 많이 하세요. 내가 너무 힘들고 너네 아빠가 너무 힘들게 하고…. 그런 식이요. 제가 워킹맘이라고 도움을 주거나 배려하는 건 전혀 없으세요.

너는 좋겠다, 너는 편하지, 이러시고, 난 힘들다, 난 복도 없다, 그런 식이세요."

"예나 지금이나 일방적으로 감정을 표현하려고 널 찾으시는구나."

"네, 여전히 그렇긴 한데…. 제가 일을 한다는 명목으로 '바빠서 끊어야 한다' 그런 건 가능해졌어요. 예전엔 하염없이 듣고 감정이 전이되어서 힘들었거든요. 그런데 지금은 '내일 다시 전화할게요' 정도는 되는 것 같아요."

직장에 있는 딸에게 전화해서 대뜸 하소연부터 하는 엄마라니….

"그렇구나. 그런 상황이면 언니는 엄마에게 네 서운함을 말할 것을 권해. 어떤 식으로 말하냐면, 엄마가 '사는 게 힘들고… 네 아빠는 어떻고…' 그럴 때 있던 그대로 '엄마 그 힘든 거, 나 어렸을 때 나한테 충분히 풀지 않았어? 말로 풀다가 안 되면 때리는 걸로도 풀지 않았어? 지금도 또 전화해서 풀고 있네? 엄마는 나한테 감정을 쏟아내서 시원할지 모르겠지만, 매번 그걸 받아내고 있는 내 기분은 어떨 것 같아? 나는 힘들지 않을까?' 이렇게. 이건 과거에 대한 것이고.

그 다음엔 현재에 대한 버전. '엄마는 통화를 되게 일방적으로 해. 엄마 감정만 전달하고 끝이야. 나에게도 내 인생이 있고, 여기서 여러 가지 일들이 벌어지고 있어. 나도 힘들 때가 있다고. 그런데 엄마에게 말해본 적은 없어. 왜냐면 엄마가 궁금해한 적이 없거든. 또 말한다 한들 위로받을 수 있다고 생각하지도 않거든' 이렇게."

나는 받아쓰기할 때처럼 또박또박 불러주었다. 희진이는 열심히 받아 적으면서도 자신 없는 미소를 띠고 묻는다.

"…할 수 있을까요?"

희진이는 자주 웃는다. 다양한 감정을 웃음 하나로 표현한다. 자신을 있는 그대로 드러내는 게 힘든 사람들이 방어적으로 웃는 그 웃음. 그런데 그녀가 웃는 겉모습은 또 그렇게 예쁠 수가 없다. 예쁨 아래 꾹꾹 눌린 아픔이 번져 나와서 나는 희진이가 한 번씩 웃는 걸 볼 때마다 콕콕 마음이 아리다.

"할 수 있어. 지금 적은 걸 소리 내서 대본 연습하듯이 읽어. 어느 날 엄마가 또 전화해서 하소연하시면 말을 딱 끊고 '엄마, 나 할 말 있어' 치고 들어가. 그리고 대본을 읽어.

언제까지 감정의 펀칭백, 감정의 쓰레받기 역할을 할 거야?

가족 사이에서 일방적인 관계란 있을 수 없는 거야. 있을 필요가 없는 거라고. 더더구나 모녀지간에 친밀함을 가장한 이런 일방적인 관계는…. 네가 이렇게 엄마에게 말하는 건 전혀 잘못된 것이 아니야. 잘못된 것을 바로잡는 것이지. 알겠니, 착한 희진아?"

희진이가 또 웃는다. 웃으며 "네" 한다. 당연한 이야기지만 양육자가 자기감정을 못 읽고 감정을 미숙하게 다루는 사람이라면 그 양육자에게서 자란 아이 역시 자기감정을 헤아리는 데 어려움을 지닌 사람으로 자랄 수밖에 없다. 희진이는 지금부터 자기감정을 정확히 읽고, 그것을 적정히 다루는 훈련을 시작해야 한다.

"이건 그냥 네가 사람으로서 입이 달렸기 때문에 할 말을 하는 거야. 너는 그동안 입이 달렸지만 말을 하지 않았어. 그냥 귀만 있는 사람처럼 행동했지. 너도 입이 있으니 할 말을 해야 하고, 그걸 우리는 대화한다고 하지."

희진이는 고개를 숙이고 옆얼굴을 보인 채 계속 예쁜 미소를 띠며 '네, 네' 하고 있다.

"네가 말한 뒤 엄마가 어떤 반응을 보일지는 일단 엄마에게 맡겨보자. 노발대발하든지, 변명을 둘러대든지, 아예 부정하며 모르쇠를 하든지 지금으로서는 알 수 없으니까. 어쨌거나 네가 대사를 친 다음은 공이 엄마에게 넘어간 거잖니? 엄마가 어떤 반응을 하시는지 봐.

그 반응이 네게 불편한 것이면 방문도 잠시 멈추고 전화도 받지 마. 기준은 그거야. '내'가 편한가 불편한가. 이제부터 네가 네 삶의 주인이야. 너는 네 감정을 주체적으로 돌볼 거야. 너는 엄마처럼 남 탓하며 살지 않을 거라고.

만약 네가 원하는 게 사과인데 사과하지 않고 변명만 늘어놓으신다면 네가 불편하겠지? 그럼 선을 그어야지. 네가 불편하지 않게 선을 넓게 긋는 거지. '저쪽에 계세요' 하고. 멀리 있는 사람에게는 이것저것 말 안 하잖아? 꼭 필요한 사항만 공유하지. 이후엔 그 정도로만 소통하는 거지.

무슨 말이냐? 변명하시는 거 다 듣고 앉아 있지 말란 뜻이야. 계속 '통화 거절' 버튼 눌러. 대신 다시 통화를 재개하기 위한 조건은 편지나 문자로 분명하게 알려드려.

'과거에 했던 폭언과 폭행을 사과하셔야 한다. 그래야 통화를 다시 하겠다. 그때도 전화는 내가 먼저 건다, 적어도 근무 시간에는. 내가 전화를 걸어 부모님의 안부를 물으면 엄마도

나에게 안부를 물어달라. 일방적으로 감정을 쏟아내는 것은 사양하겠다.'

통화를 거절하는 그 시간을 너무 힘들어하지 마. 꼭 필요한 시간이라고 생각해. 뭐에 꼭 필요한? 엄마가 너와의 관계를 재정립하는 데 꼭 필요한 시간. 네가 거기서 또 바로 뛰어가서 엄마한테 '잘못했어요' 하고 원하는 대로 맞춰드리면, 이 잘못된 갑을관계에 무슨 변화가 생기겠어?

혹시라도 엄마가 모르실 수는 있어. 희망의 지점은 여긴데 엄마가 모르실 수가 있다는 거야. 네가 그동안 복종하며 심각하게 문제 제기를 하지 않았기에 엄마는 그저 너도 좋아서 그러고 있는 줄 아셨다는 거지. 엄마는 본인 마음도 잘 헤아리지 못하시니 네 마음을 전혀 못 헤아리셨을 수 있어. 네가 불만을 강하게 표시하지 않는 이상, 이 관계엔 아무 문제가 없다, 이렇게. 그러니 문제를 제기하는 것 자체가 너무나 필요해. 다만 그때 엄마가 어떻게 반응할 것인가는 엄마의 몫으로 남겨두자는 거야. 네가 원하는 선을 분명히 긋고, 엄마가 그 선을 존중하지 않으실 때 경계를 설정하는 건 네 몫으로 남겨두자는 거고."

"네."

마음처럼 정확한 천칭저울은 없다. 마음은 준 사랑과 받은 사랑이 서로 일치하면 딱 수평을 맞춘다. 그 순간 그 어떤 기울어짐도 없이 마음이 편안해진다. 만약 내가 누군가에게 준 것보다 넘치게 사랑을 받았다면 내 쪽으로 저울이 기울게 되어 있다. 반대로 내가 누군가에게 사랑을 주었지만 받지는 못했다면 저울이 그 사람 쪽으로 기울어져 있는 것이다. 사실 어느 날 사과 한 마디를 듣는다고 해서 갑자기 수평을 이루지는 않는다. 마음은 결코 단순하지 않다.

한 번 기울어진 마음속 저울은 아주 긴 시간에 걸쳐, 아주 성의 있게, 관계의 면면을 살펴보고 구멍 난 곳을 속속들이 메운 뒤에야 천천히 관계의 수평을 맞춘다. '사랑의 무게'가 '상처의 무게'를 이긴 뒤에야.

이 망할 저울에는 그램이나 킬로그램 같은 단위 눈금조차 없어서 우리는 언제까지, 어디에, 얼마만큼 더하거나 빼야 수평을 맞출 수 있는지 미리 계산할 수가 없다. 그저 관계의 한 면을 들여다보고 거기 구멍이 나 있으면 꼼꼼히 메우는 수밖에. 그러면 또 다른 면이 드러나고 거기 있는 구멍도 착실히 메워야 한다. 마치 책장을 넘기는 것과 같다. 넘기고 나서야 알 수 있고 넘길수록 이야기가 온전히 완성되듯이.

마침내 균형이 맞는 그날이 오면 눈금 따위 없이도 그냥 딱 안다. '야호, 수평이야!' 그제야 마음에 평화가 찾아온다.

마음이 작동하는 방식은 이렇듯 언제나 귀납적이다.
그러니 중도에 멈추지 말아야 한다.
계속 돌봐주어야 한다.

## 또 다른 '유사 엄마'가 등장할 때

"이 관계에서 긍정의 지점은 뭘까?"

"제가 애들한테 완전히 반대로 행동해요. 엄마같이 안 되려고요. 이걸 긍정의 지점이라고 해야 할지."

"긍정의 지점이지. 완전 긍정의 지점이야! 훌륭한 반면교사야. 나쁜 것에서 좋은 것을 뽑아내는 사람들은 다 엄청난 능력자들이지. 카르마를 혼자서 알아서 싹뚝 끊는 거잖아. 아주 좋아!

엄마와 경계설정을 위해서 구체적인 목표와 방법을 어떻게 정할 것인가에 대해선 앞서 얘기한 몇 가지를 정리해보면 되겠지?"

### 3단계 ◦ 통치기와 경계설정

경계설정 엄마와의 경계설정

목표 나는 타인의 감정 펀칭백이 아니다

방법 ▸ 내가 불편함을 표현했을 때 엄마의 반응이 어떠하길 기대하는지 먼저 생각해보기(예: 사과)

▸ 엄마에게 대본 읽기

▸ 엉뚱한 반응은 '반사!' 하고 더 생각할 시간드리기

▸ 엄마가 꼭 알아야 할 메시지는 편지나 문자로 하기

▸ 엄마가 메시지를 존중하며 다가오시면 화해의 대화 나누기

▸ 감노트 쓰면서 내면아이에게 위로의 말 건네기

"감노트 쓰면서 막상 기억이 제대로 떠오르면 통화 거절이 하나도 안 불편할 수도 있어. 억압했던 당시의 감정, 그 정체를 파악할수록 말이야. '아, 이런 거였어?' 하면서 아주 자연스럽게 엄마 전화를 안 받고 싶어질 수 있다고.

반대로 막 방언이 터져 나올 수도 있어. 엄마에게 하고 싶은 말이 쏟아져서 전화를 걸어 적어놓은 대사를 간신히 치는 게 아니라 쓰나미 같은 통화를 하는 거지."

일동 웃음.

"방언이 터져 나오면 해도 돼, 희진아. 굉장히 해도 돼. 매우 해도 돼. 그제야 '대화'를 하게 되는 거야."

"네, 알겠습니다."

"자, 이제 엄마 다음에 등장한 사람들을 볼까?"

결혼 후 내 삶에는 유사 엄마들이 등장했다. 싹싹하지만 자기 주장이 강한 남편이 그렇고, 또 그와 닮은 시어머니가 그랬다. 유사 엄마가 나타날 때마다 그 앞에서 유약해지는 아이 같은 나를 발견한다. 그럴 때마다 무기력해지고 스스로를 미워하는 마음이 커진다.

"유사 엄마가 자꾸 등장한다는 것은 절망적이지만 그걸 알아볼 수 있다는 것 자체는 긍정적이야. 우리는 언제나 '긍정의 지점'을 찾아서 거기서 힘을 내야 해, 알지? 너는 엄마와 관계 맺는 방식을 인식하고 있고, 다른 사람과 관계 맺을 때에도 유의해서 보고 있어. 즉, 너를 보호할 태세가 되어 있어. 그러니 보호할 방법만 터득하면 돼.

'아, 내가 또 같은 짓을 하고 있구나' 눈치챈 순간, 의식적인 마인드 트레이닝을 해. 마인드 트레이닝? 별것 아니야. 마음 근육도 몸 근육과 똑같다고 했지? 강화시키면 강화되는 거야. 근육을 강화시키려면? 반복적으로 운동해주면 돼.

무슨 말이냐면 네가 앞에서 언급했던 방법을 실행해서 엄마와 경계를 짓잖아? 그럼 네게 하나의 경험이 완성되겠지? 이 경험이 바로 운동이야. 타인에게 경계를 요구하고 관철해본 경험, '아, 나도 할 수 있구나' 하는 성공의 경험이자 '나는 날 위해서 이런 걸 해주는 사람이구나. 즉, 나는 날 제대로 보호해주는 사람이야' 하는 자기신뢰의 경험.

이후엔 유사 엄마 등장시,

1. 보호가 필요하다는 판단.

2. 자기신뢰로 내 판단을 믿기.

3. 자신 있게 필요한 액션 실행.

이렇게 완성된 매뉴얼을 돌리면 돼. 네가 경험으로부터 완성해낸 매뉴얼이야. 한 번 마스터해본 걸로 다음 걸 다룰 근육이 생기는 거지.

예를 들어보자. 남편이 네 의사에 반하여 무언가를 관철하려 한다 치자. 아마 유사 엄마가 등장하면 익숙한 반응기제들이 올라올 거야. 우울감이라든지 무력감이라든지, 뒤따르는 자책이라든지. 익숙한 내리막길로 접어들면 '일단 멈춤' 버튼 눌러. 반응하지 않음으로써 부정적인 감정의 악순환에 빠지지 말란 뜻이야. 그 사람과 대화, 만남의 간격이나 물리적 거리를 조정해.

멀어진 채로 그 관계에서 네가 느끼는 것을 글로 적어. → 기록하는 거야.

적은 걸 눈으로 반복해서 읽어. → 확인하는 거야.

입으로 낭독해서 귀로도 듣게 해. → 경청하는 거야.

'기록–확인–경청'의 시간을 가지면 인지에서 인식으로 넘어가. 단순히 알아보는 것에서 판단하는 단계로 넘어가는 거지. 그게 바로 앞의 1번, 보호가 필요하다는 판단이야. '아, 지금 이런 일이 또 내게 벌어지고 있구나. 유사한 패턴이야. 엄마에게 했던 방식으로 벗어나야겠어.' 그럼 2번, 자기신뢰로 내 판단을 믿고 '해봤으니, 자신 있어!' 마지막 3번, 자신 있게 필요한 액션을 실행하면 돼. 액션 목록은 앞에 방법으로 정리되어 있지? 경계를 설정하고 상대방에게 존중해줄 것을 요청하자. 그래서 다시 한번, 엄마와의 관계를 정돈하는 이 경험이 네게 너무나 중요해.

이와는 별도로 반드시 생각해봐야 할 것도 있어. 바로 '왜 나한테 이렇게들 계속 와서 엉길까?'야. 이건 앞에 지혜의 사례를 참고해. 사람이 자기 인생의 주인됨을 행사하지 않을 때 얼마나 저마다 와서 주인 행세를 하려 드는지. 그들에게 '반사!' 또는 '그건 당신이 알아서 하세요' 하고 쳐내야 한다는 것. 사춘기 아이를 봐봐. 인생의 주인이 되려고 얼마나 세게 쳐내는지. 부모를 받아주디? 하나도 안 받아주면서 지 주장은 더럽게 하지?"

화면 속 얼굴들이 까르르 흔들린다.

"원래 그렇게 하는 거야. 부모에게 선포하는 거야. '이제 저는 더 이상 당신이 주는 것만으로 이루어져 있지 않아요.' 선포해서 부모로 하여금 포기시키는 거야. '지금부터는 내가 선택한 것들로 나를 만들어나갈 테니 적당히 빠져 있어주세요.' 이걸 지속적으로 부모와 갈등을 불사하면서 알려주는 거지. 이때 부모는 전권을 내려놓아야만 해. 아무리 부모로서 최선을 다했다 하더라도, 부모 눈에 아직 아이가 덜 준비된 듯 보인다 하더라도, 굴복해야만 해. 내가 주었던 세계가 완벽하지 않다는 것을 인정하고 아이 스스로 제 세계를 보완시켜나갈 주도권을 이양해야 하지. 여기서 부모가 이기려 들잖아? 아이가 자력으로 성장할 기회를 빼앗는 거야. 그렇게 빼앗긴 아이는 지금 너처럼 이렇게 뒤늦게라도 힘겨운 사투를 벌여 그 주도권을 쟁취해야만 하지. 질문 있니?"

희진이가 곰곰이 생각에 잠긴 얼굴이 된다.

"…없는 것 같아요."

"그래, 우리 희진이 수고 많았다."

## 더 이상 엄마의 감정펀칭백으로 살지 않기로 했다

마침 추석이었다. 모임을 한 주 쉬어가기로 했다. 명절 덕분에 참가자들은 부모를 대면할 수 있는 기회, 그리고 파이널 에세이를 쓸 시간적 여유를 동시에 갖게 되었다.

희진이가 가져온 파이널 에세이를 보니 역시나 추석 때 엄마와 만난 에피소드를 다뤘다.

> 추석 당일, 여느 해와 마찬가지로 시가에서 점심을 먹고 막히는 시간을 피해 친정으로 향했다. 문을 열자 엄마는 한창 요리중이었고 맛있는 냄새가 온 집 안에 퍼져 있다. 예전에는 보이지 않았던 엄마만의 사랑 표현방식이 보인다.

오랜만에 화기애애한 분위기에서 식사를 하는데 엄마가 또 시작한다. 이번에는 요리를 못하는 나의 약점을 들추려는 것이다. 맛있게 먹고 있는 우리 딸들에게 말한다. "너네 엄마는 이렇게 맛있는 것도 안 해주지? 불쌍한 내 손녀들." 내가 바로 맞받아친다. "아닌데, 우리 딸들 화도 안 내는 착한 엄마랑 살아서 세상 행복한데." 엄마가 알아들었든 말았든, 말로 내뱉으니 속이 후련하다.

엄마 앞에서 일부러 더 딸들에게 애정을 표현하고 칭찬하고 딸들 자랑을 늘어놓는다. 특히 어린 시절의 나를 자랑하듯 첫째 딸의 침착한 성정을 칭찬하고 자랑한다. 엄마가 나의 의중을 알아챈 것 같다. "너넨 좋겠다. 어디서 이런 엄마를 만나니." 결국 항복하듯 말씀하신다. 이번에는 이렇게 소심한 방법으로 속마음을 드러냈지만 언젠가 엄마와 허심탄회하게 얘기할 수 있는 날이 오기를 바라본다.

"시도는 좋았어. 하지만 더 나아갈 지점이 보여. '날이 오기를 바라본다'고만 하지 말고 네가 날을 잡아. 정식으로 속 얘기를 꺼내. 이렇게 두 모녀가 엄마로서 '누가 누가 잘하나' 경쟁하는 식의 대화는… 계속 변죽만 울리다 말 거야. 두려울 것 없어. 막말로 엄마가 널 또 때릴 것도 아니고, 만약 때리려 들면 그야말로 '어머니 고정하세요. 이러다 쓰러지십니다' 손목 잡으면 되고. 요컨대 너는 안전해! 엄마가 흥분하시면 그대로 일어나서 네 집으로 가면 돼. '이번 난동에 대해서 사과하지 않으시면 당분간 연락을 끊겠어요' 문자 보내면 되는 거고, 사과 안 하시면 연락을 정말로 끊는 거고. 그럼 엄마는 그 일을 복기하게 되어 있어. 시간이 흐를수록 손주는 보고 싶고, 붉으락푸르락하면서도 '저년이 왜 안 하던 짓을 하지?' 생각해보시겠지. 이 갑을관계를 뒤흔들려면 갑이 '불편함'을 느끼는 시간이 필수야. 겁먹지 말고 표현해."

"…네."

보통은 여기까지만 한다. 행동으로 옮기느냐 마느냐는 참가자 개인이 선택할 영역이다. 그런데 희진이의 '네'라는 대답이 내겐 '난 못해요'처럼 들렸다. 그래서 등을 약간 떠민다.

"언제?"

"생각 중이에요. 저희 엄마가 되게 상황이 좋지 않아서…."

"어떤데?"

"남동생 일도 있고 아빠와도 안 좋으셔서 제가 보태는 게 맞나 싶기도 하고…."

부모와의 관계가 불편할 때 대부분 그냥 덮어두고 싶어 한다. 희진이만 그런 것이 아니다. 어릴 땐 내가 약해서, 커서는 부모가 약해서. 그런데 이 말을 바꿔보면 '여러분, 지금이 최적의 타이밍입니다. 바로 지금 부모와의 관계에 변화를 주세요!' 이런 안내방송이 나오는 때는 영원히 오지 않는다는 뜻이다. 오직 '내가' 변화를 만들어보겠다 마음먹고 '지금 시작하겠습니다' 하고 자체 안내방송을 하는 바로 그때가 최적의 타이밍이다.

물론 그때가 부모에게도 최적의 타이밍은 아닐 수 있다. "곧 엄마 생신이어서요", "지금 오빠가 사고를 쳐서" 착한 딸들은 이번에도 또 온갖 자잘한 상황에 밀려 자신의 불편함을 꾹꾹 누른다. 그러면 내가 물어본다.

"부모님이 지금 몸져누워 계시니?"

"아뇨."

"그럼 그냥 지금 해. 하는 수 없어. 살면서 아무 일도 없는 때는 없어. 이건 무슨 축하파티 날짜를 잡는 게 아니니까."

상처를 받을 때 날을 가려 받았던 것이 아니듯 치유를 시작하는 날도 가리며 시작할 수는 없다. 한 가지만 확실하다. 치유를 위한 변화는 빠를수록 좋다는 것. 그래야 앞으로 남은 날들 가운데 하루라도 더 많은 날들을 건강한 관계 속에서 살아갈 수 있으니까, 부모와 자식이 함께하는 시간은 유한하니까.

"또 엄마 먼저 생각하고 있다. 아빠랑은 결혼생활 내내 안 좋으셨는데 뭘 새삼스럽게? 엄마 인생에 완벽한 상태가 올까? 조금 있으면 아프셔. 내가 볼 때는 지금 그렇게 나쁜 타이밍 아냐."

"지금 유난히 안 좋으세요. 아빠가 퇴직하셔서 그간의 문제가 지금 막 커지는 것 같은데 거기 저까지 끼어들면…."

"그래, 전반적인 상황이야 네가 잘 알겠지. 그런데 언니 말은 네가 늘 그래왔듯 또 기존의 모녀관계를 지속할 이유를 찾으면 안 된다는 거고, 엄마가 한 살이라도 젊으실 때 변화를 시도해야 한다는 거야. 너도 입 꾹 다물고 얻어터지던 네 내면아이를 구해내야 할 거 아니니? 엄마를 공격하라는 게 아니라 비폭력 대화로 '나 그때 정말 섭섭했어' 같은 감정표현을 꺼낼 수 있어야 한다는 거야."

내가 희진이의 등을 조금 더 떠민 것은 파이널 에세이에 써온 다음과 같은 대목 때문이었다.

나를 사랑하려고 노력한다. 하지만 그저 다른 사람의 별것 아닌 멘트에도 나는 여전히 내가 성격도 외모도 너무 별로인 매력 없는 사람이라고 여길 때가 종종 있다. 결국 유년 시절과 사춘기를 거치며 알알이 박혀버린, 그 어떤 노력에도 갖지 못한 '타고난 사랑스러움'을 넘어서지 못한다는 열등감은 내 삶에 전반적으로, 구석구석 자리 잡고 말았다. 그래서 누군가 칭찬할 때면 '타인을 칭찬함으로써 나의 부족함을 지적하는구나'라며 비뚤어진 해석을 하게 된다.
티 없이 밝고 싹싹한 사람을 마주할 때마다 올라오는 질투심과 미운 감정에 당황스러울 때도 있다. 생겨 먹은 게 싹싹하지도 않은 주제에 어설프게 싹싹한 척하느라 에너지를 모두 소모하기 일쑤다.
'내가 왜 이러지?' 의문이 들 때마다 어렴풋이 이런 나의 생각과 감정들이 예전 어린 시절, 엄마가 심어놓은 왜곡되고 잘못된 뿌리에서 비롯된 것이겠거니 짐작한다.

**동시에 이런 발전적인 관찰도 같이 써왔기 때문이었다.**

나는 언제나 관계에서 약한 피해자인 것 같았다. 그러다 문득 내가 피해자 역할을 자청해서 맡아온 건 아닐까 의문이 들기 시작했다. 나를 피해자의 위치에 두고 가해자를 원망하는 패턴이 익숙했기에 벗어날 생각을 하지 못한 것은 아닐까? 이런 삶의 패턴은 주체적이며 온전한 나로 살지 못하게 만든다. 언제까지 남 탓이나 하면서 엄마의 영향력 아래 무력했던 나로 계속 살 순 없지 않은가.

"그렇지!"

이젠 엄마가 심어놓은 오래된 뿌리들이 눈에 보일 때마다 하나씩 뽑아내고 '진짜 나다운' 것들을 차근차근 새롭게 심자는 결심과 의지를 다져본다. 더 이상 엄마가 내 삶에 영향을 끼치지 못할 때까지 반복적으로 뽑고 또 심기.
새롭게 다져지기 시작한 밭에서 나는 나의 새로운 욕구들을 마주하기 시작했다. 평생 게으르던 내가 아침 일찍 일어나 걷기 시작하니 몸과 마음이 한결 가벼워진다. '아, 내 몸이 운동을 좋아하는구나' 깨닫는다. 내 스타일의 운동복을 잔뜩 샀다. 앞으로 내가 좋아하는 것들을 나에게 해줘야겠다 마음먹어본다. 다가올 나의 40대가 기대된다.

"좋아!"

희진이에겐 충분히 변화를 도모할 가능성이 있다.

용감하게도 그녀는 특별과제를 수행했다! 그리고 자신의 경계설정에 필요한 목표와 방법도 깔끔하게 정리해서 다음과 같은 글을 제출했다.

## "엄마, 나한테 왜 그런 거야?"

### 주사위는 던져졌다!

1. 두려움에 맞서기

나의 바위는 처음부터 분명했다. 글쓰기 모임 이전에도 심리학 서적을 찾아 읽거나 유튜브에서 강연을 찾아 듣는 등 바위로 인해 생긴 내 인생의 잘못된 점들을 치유받고 싶어 여기저기 기웃거리기 일쑤였다. 이번 글쓰기 모임 역시 내 마음의 구멍을 잠시 막아줄 위안의 수단이 될 것이라 생각하고 찾아온 곳이었다.

파이널 에세이를 쓰고 이제껏 그래왔듯 '아, 그래. 글쓰기 모임을 통해 또 다른 위안을 받았네. 내면이 한결 더 정리된 느낌이야' 하고 스스로 이 정도면 됐다며 마무리를 하려는데, 소희 언니가 나를 꿰뚫어 봤는지 마지막 숙제를 내주었다.

엄마와 대면하기.

숙제가 주어진 후 나의 심리 상태는 과거 엄마를 무서워하던 어린 시절로 돌아갔다. 엄마와 대면하는 상상만으로도 심장이 쿵쾅거리고 배가 아파왔다. 어떻게 말을 해야 할까. 편지를 써야 하나. 문자를 할까. 전화를 할까. 적당한 때를 기다렸다가 자연스럽게 주제를 꺼내고 싶었지만 이번에 해내지 못한다면 평생 꺼내지 못할 듯싶었다. 결국 고민 끝에 엄마에게 전화를 걸었다.
전화를 걸기 전 여러 가지 시나리오를 돌려보았으나 계획했던 '나 전달법'으로 말하기는 엄마의 목소리를 듣자마자 머릿속에서 지워졌고 결국 내 입에서는 필터를 거치지 않은 질문이 나와 버렸다.

"엄마, 나 어릴 때 왜 그렇게 때린 거야?"
담담하게 물어보고 싶었으나 울컥하면서 감정이 격앙됐다. 엄마는 마른하늘에 날벼락을 맞은 사람처럼 반응했다. 처음엔 꿈을 꿨냐고도 하고 이상한 종교에 가입했냐고도 하다가 이내 여태까지 잘 먹이고 애지중지 키워 시집 보내놨더니 이딴 소리나 한다는 둥, 있지도 않은 일을 지어낸다는 둥, 전혀 아무것도 기억나지 않는 것처럼 말했다. 내 기억이 왜곡됐나 착각이 들 정도였다.
모든 일을 부정하는 엄마에게 더 이상 할 말이 없어서 전화를 끊어버렸다. 엄마는 분이 풀리지 않았는지 내가 죄책감을 느낄 만한 문자들을 계속 보내왔다. 읽는 내내 괜한 짓을 했다는 후회와 죄책감이 몰아쳐왔다. 엄마와 그럭저럭 잘 지내고 있었는데 굳이 평화로운 관계에 돌을 던져 금을 냈다는 불안감에 하루 종일 아무것에도 집중하지 못했다.

이 과정에서 정작 내가 혼란스러웠던 것은 엄마의 반응보다 엄마에게 반응하는 나의 감정들이었다. 죄책감, 후회, 불안감….
이런 감정들은 엄마가 느껴야 하는 감정인데 어느새 엄마는 피해자의 입장에 있었고 나는 가해자가 되어 있었다. 전형적인 엄마와 나의 관계였다. 나는 당장이라도 엄마한테 전화해서 '죄송하다' 말하고 관계를 회복하고 싶었다. 그러면 마음이 다시 편안해질 것 같았다. 언제나 좋은 게 좋은 거고, 겉으로 평화로우면 다 된다는 식의 내 갈등회피 패턴이 작동했다.

그러나 이번 글쓰기를 통해 나는 결심했다. 바위를 내 삶에서 걷어내보겠다고. 이 불편한 마음이 바위를 걷어내는 데 꼭 필요하고 견뎌내야 하는 과정이라면 한 번 버텨내보자는 생각이 들었다. 주사위는 이미 던져졌다. 나는 이제 안전한 곳에 있고, 내가 해야 할 말을 했을 뿐이고, 공은 엄마에게 넘겨졌으니 그 공까지 내가 떠맡지는 말자. 나의 내면아이는 이제 내가 지켜주자. 그래서 결국 이 과정의 끝에서 내가 마땅히, 당당하게 느껴야 하는 감정들을 회복할 수 있길 바란다.

2. 경계설정

엄마에게 생각할 시간을 주고, 나 역시 이 관계를 돌아볼 충분한 시간을 갖기.

1) 목표

엄마와의 관계뿐 아니라 모든 관계에서 나의 감정을 최우선으로 고려하고 당당하게 표현한다.

2) 방법

i. 운동을 통해 건강은 물론 정신력을 회복한다.

* 매일 아침 내 스타일의 운동복을 입고 내가 가장 좋아하는 트레킹 코스를 돈다.

* 매일 저녁 20분 요가로 몸과 마음을 정돈한다.

ii. 내 감정을 잘 알기 위해 감노트를 쓴다.

* 일주일에 한 번 낯선 장소에 가서 그곳의 분위기나 풍경, 음식의 맛 등을 묘사하는 연습을 한다.

* 내가 무엇을 할 때 기분이 좋은지, 어떤 상황에서 마음이 불편한지 알아차리고 그 기분에 정확한 이름을 붙여본다.

iii. 엄마를 비롯한 주변 사람들의 반응에 마음이 불안해질 때마다 내면아이의 불안한 마음을 알아차리고 심리적 안정을 주는 것들을 나에게 해준다. (예: 좋아하는 음악 듣기, 산책하기, '괜찮다'라고 소리 내어 반복해서 말해주기)

iv. 하루에 한 번, 누구에게라도 구체적인 감정을 표현해본다. 선호와 불호에 대해서도 말해본다.

v. 어린 시절 못 해봤던 일탈 행동(?)들을 하나씩 실천하면서 죄책감이 아닌 긍정적인 마음을 갖는다. (예: 타투하기)

나도 곧장 피드백을 보냈다.

'브라보! 바위를 들어서 내려놓는 데 이 정도 감정적 소요는 불가피한 것. 네가 곧바로 엄마가 설정한 가해자 위치를 거부하고 흔들림 없이 사안을 바라보는 데 성공한 것이 참 대견하다. 엄마에게서 애지중지 같은 말 말고 사과의 말이 들려오면 언니에게도 알려줘. 함께 기뻐할게. 이후에는 엄마와 어떤 앙금도 없이, 처음부터 그러했어야 할 제자리를 잡아갈 수 있을 거야. 파이팅이야!'

모임이 모두 끝난 뒤, 희진이와 근황을 주고받았다. 그녀는 새롭게 정돈한 일상 속으로 돌아가 워킹맘의 바쁜 하루하루를 보내고 있었다. 아쉽게도 엄마와의 관계에는 큰 진전이 없었다고 했다.

"몇 번의 문자가 오고 갔는데 엄마는 주로 저를 원망하는 글과 배신감을 토로하는 문자를 보내셨고 남동생을 시켜서 전화를 하기도 했어요. 저는 남동생에게 '엄마와 나의 일이니 너가 상관할 일은 아니다'라고 말했고, 엄마에게는 '엄마를 사랑하지만 상처받은 일은 상처받은 일이다'라고 답문을 보냈어요. 그리고 지금까지 연락이 오고 있진 않아요."

괜찮다. 희진이가 엄마에게 마음을 털어놓기까지 여러 단계를 거쳤듯 엄마에게도 그런 과정이 필요할 뿐이다. 많이 답답하시면 교회나 절이라도 찾으시겠지. 거기서 마음의 소리를 들으시겠지. 누군가 진심 어린 조언을 하면 귀도 기울이시겠지. 아니, 어쩌면 단지 끝없는 자기연민에서 오래 헤매시겠지. 다시 말하지만 괜찮다. 모두 엄마에게 필요한 산이다. 자신의 힘으로 넘어야 할 산이다.

산을 넘는 것이 힘겨워 또다시 '남 탓'을 하는 것도 엄마의 선택, 용감하게 산을 넘어 딸을 안으러 오는 것도 엄마의 선택. 우리는 나이와 관계없이 끊임없이 내 삶 속에 어떤 것을 들이고 뺄 것인가를 선택하고 책임져야만 한다.

한편 산을 넘은 희진이에게는 산을 넘은 뒤에만 보이는 새로운 세상이 펼쳐졌다. 덕분에 꼭 필요했던 변화가 분명하게 일어나고 있었다.

"마음속 짐을 좀 내려놓은 듯해요. 그런 어린 시절을 보내고도 계속해서 마치 엄마와 채무관계에 있는 사람처럼 늘 저의 감정보다는 엄마의 기분에 맞추려 했던 것 같아요. 그렇게까지 해야 할 필요가 없다는 것을 조금씩 깨닫고 있어요. 대신 저를 있는 그대로 사랑해주는 딸들에게 더 잘해주려고 노력하고 있어요.

특히 첫째 딸에게 저도 모르게 엄마가 저한테 했던 것처럼 무의식적으로 나가는 직설적이고 폭력적으로 비춰질 수 있는 말들이 있었다는 것을 새삼 깨달았어요. 의식적으로 멈추려고 노력하고 있어요."

엄마에게 말을 꺼내기 전 희진이는 '엄마와 전혀 다르게 딸들을 대한다'고 분명히 말했다. 하지만 엄마와 선을 긋고 내면아이의 편에 서고 나니 그제야 내면아이의 시선에서 새롭게 보이는 것들이 또 있는 것이다. 미영이가 편지를 보낸 뒤 아빠의 집에서 온전히 빠져나왔듯, 희진이도 이제야 엄마의 집에서 온전히 빠져나왔다.

카르마는 끊어졌다. 그것은 육아서나 강의로 끊어지는 것이 아니라, 이처럼 '내가 잘 사는 것'으로만 끊어진다. 나나 잘 살자! 새로 당도한 세상에서 희진이는 자신의 목소리를 경청하며 살고 있다. 마지막으로 그녀의 목소리를 조금만 더 들어볼까?

"엄마와의 관계와는 별개로 제 마음에 많은 변화가 있었어요. 엄마에게 속마음을 말하고 나서 오히려 다시 한번 엄마와 저의 관계를 돌아보는 시간을 가질 수 있었거든요. 처음에는 죄책감이 들었는데 시간이 지날수록 화가 나더라고요."

그녀의 마음속에서 앞서 언급했던 그야말로 '방언'이 터진 것이다.

"설사 기억이 나지 않는 게 사실이라도 엄마가 저에게 사과 비슷한 것이라도 해주길 바랐어요. 얼마나 바랐으면 엄마가 사과하는 꿈도 꿨어요. 꿈이었지만 많은 위안이 되었거든요. 그렇지만 저희 엄마는 그런 어른이 아니라는 걸 이미 알고 있었어요. 슬프지만 인정.

엄마의 반응이나 인정과 상관없이 저는 제가 한때 피해자였던 것을 공식적으로 밝힌 것이니깐요. 어린 시절의 희진이를 이제야 변호해준 느낌이랄까요.

언니가 모임 중에 해주셨던 이야기 중에 기억에 남는 것이 있어요. '원래 관계란 복잡하기 마련인데 그 와중에 어떤 중심이 되는 정리된 대화들이 오가게 되면, 그것이 기준이 되어 보다 정리된 형태로 관계를 이어갈 수 있다'는 얘기요. 제가 이번에 엄마에게 했던 이야기가 제 삶의 그런 정리된 대화 중 하나가 될 것 같아요."

첫 모임에서 희진이가 쓴 한 줄 프로필은 이러했다.

나는 날마다 종착지까지 많은 것들을 날라야 하는 기차입니다.

다시 쓴 그녀의 한 줄 프로필은 이것이다.

나는 날마다 낯선 길을 따라 스치는 바람과 다채로운 하늘빛을 즐기며 달리는 자전거입니다.

희진이는 이제 '나'를 찾는 길을 즐기며 달린다. 자신을 제대로 사랑하는 법을 장착했으니, 타인도 제대로 사랑하며 갈 것이다. 넘어야 할 산이 끝없이 등장하는 것이 인생. 버거움을 느낄 때도 있을 것이다. 그럼에도 희진이의 여정은 아름다울 것이다. 지금처럼 제대로 사랑하고 제대로 사랑받으며 나아갈 테니.

# 마지막,

# 정희의 이야기

정서적 허기가 채워진
아이의 경우

## 좋은 부모의 자격은?

이제 마지막 사례를 다룰 것이다. 마지막으로 나누고 싶었던 이야기는 무려 250편에 육박하는 광범위한 사례 가운데에서 1초의 망설임도 없이 떠올랐다.

정희의 이야기.

그녀의 사례가 비범한 가치를 지닌 이유는 우리 부모들이 자식들에게 '돈'을 주기 위해 쉽게 '정서'를 포기했을 때 그녀의 부모가 매우 열악한 경제 상황 속에서도 다른 선택을 했기 때문이다.

엄마는 새벽부터 밤까지 손가락이 얼어 터지도록 일하면서도 자식에게 매질이나 욕설은커녕 상처가 될 말을 하지 않았고 아빠는 폭력적인 할아버지 아래 성장했고 장애까지 지녔는데도 일대에서 가장 다정한 아빠였다. 두 분 모두 학력이나 경제력 면에서는 지금껏 다룬 사례 중 가장 어려운 형편에 속했을 것이다. 그런데 어떻게 그게 가능했을까? 그것은 정희의 삶에 어떤 영향을 미쳤을까? 특히 그녀가 자신의 부부관계에서 어떤 도전에 맞서 어떤 용감한 선택을 내리도록 도왔을까? 마지막 사례를 살펴보는 동안 우리는 끈질기게 질문해봐야 한다.

좋은 부모의 자격이란 무엇일까?
학식일까?
돈일까?
바꿔 질문하면
아이들이 부모에게 원하는 것은 무엇일까?
학식일까?
돈일까?

우리 부모님들이 '내가 배운 게 없어서 몰라서 그랬다', '그때는 돈이 없어서 어쩔 수 없었다' 이구동성으로 학식과 돈이라는 환경 탓, 넓게 보면 결국 남 탓을 하던 그 시절, 사회경제적 위계의 가장 아랫자리에서도 삶의 피곤을 아이들에게 함부로 투하하지 않고 꽃 같은 아이들의 사랑스러움 속에서 일어설 힘을 얻었던 부모, 그 고마움을 아이들에게 자주 표현했던 부모.

놀랍게도 정희는 내게 올 때까지 자신이 받았던 것의 정체를 제대로 알지 못했다. 자신 안에 내재된 힘이 얼마나 큰지도 알지 못했다. 그건 우리의 부모뿐만 아니라, 그분들을 안일하게 답습한 채 부모가 된 우리들까지도 좋은 부모의 자격이 학식이나 돈이라고 여전히 떠들어대고 있기 때문일 것이다.

그래서 도와주어야 할 부분이 명확했다. 그녀가 자신이 지닌 귀한 자산에 제대로 주목하도록 하는 것. 이제 그 과정을 따라가보자.

## 거대한 정서적 자산을 물려받은 아이

정희의 글은 이렇게 시작했다.

우리 집은 가난했다. 아빠는 소아마비로 다리를 절었고 공황장애를 30대에 꽤 오래 앓았다. 그리고 평생 경제 능력이 없었다. 초졸인 아빠와 반대로 아빠 형제들은 모두 대학을 나왔고, 아빠 혼자 시골에 남아 폭력적인 할아버지를 모시고 살았다. 이러한 상황이다 보니 엄마는 농사일과 가정경제를 책임졌다. 농사일로는 1남 3녀를 먹여 살릴 수 없어 엄마는 항상 새벽같이 생선 공장에 가셨고 겨울이면 손발이 꽁꽁 얼어 있었다.

아빠와 엄마가 꿀을 따러 멀리 가시면 우리 4남매는 할아버지와 이웃의 도움을 받으며 지내기도 했다. 아빠는 형제끼리 우애 있게 지내고 공부 잘 하고 있으라는 내용의 엽서를 보내셨고 우리는 큰언니가 읽어주는 엽서의 내용을 들으면 잘 지내야겠다는 마음을 다졌다. 동네 어른들은 한결같이 우리를 만나면 엄마 아빠에게 잘하라고 말씀하셨다. 그 말의 끝에는 '아빠 몸도 성치 않은데'가 항상 붙어 있었다.

언니들이 고등학교를 도시로 가고 내가 고등학교를 결정할 시기가 왔다. 해 질 무렵 농사일을 마무리 지으며 리어카를 끌던 엄마에게 "고등학교 어떻게 할까?" 물었을 때 엄마의 대답엔 짜증과 삶의 고단함이 묻어 있었다. 정확한 워딩은 기억나지 않는다. 나는 기숙사에서 고교생활을 하고 대학에 갔다. 우리 집에는 대학에 가는 두 가지 원칙이 있었다. 국립대 그리고 재수 없음. 그래서 우리 형제들은 모두 국립대를 나왔고 모두 공무원이다.

### 1단계 ◦ 대면과 이해

"자, 여기까지 읽었을 때 언니는 '정희가 참 고생을 많이 했구나', '그런데도 훌륭하게 잘 자랐구나' 이런 생각이 먼저 들었어. 그 다음엔 엉뚱하게도 어떤 게 떠올랐는지 아니? 〈센스 앤 센서빌리티〉나 〈오만과 편견〉 같은 영국 귀족 영화. 그런 영화 보면 가족 중 누군가가 몸이 안 좋아서 온천 지역으로 휴양을 가거나 여름 별장으로 초대받아 놀러 가서 집에 있는 가족들에게 편지를 쓰잖아. 멋진 펜촉에 잉크를 묻혀 아름다운 필기체로. 그럼 마차로 편지가 배달되고 가족들이 저택의 계단을 막 뛰어 내려와서 레이스 장갑 낀 손으로 반갑게 편지의 봉인을 열지.

왜 힘들고 처절한 상황에 처했던 가족 이야기를 읽는데 영국 귀족이 떠올랐을까? 힘든 노동을 하러 가서 엽서를 쓰시는 아빠나 맏이가 그것을 받아 읽어주면 동생들이 옹기종기 모여 귀 기울이며 '열심히 살자' 다짐하는 모습, 이게 평범한 가정의 모습이 아니기 때문이야. 굉장히 귀하고 드문 가족문화야. 구성원 모두가 나이가 적던 많던, 장애가 있던 없던, 성별이 무엇이던 관계없이, 그 문화를 자발적으로 함께 만들어 가고 있고 끝까지 그 노력을 멈추지 않아. 나는 이 집안이 레이스 장갑만 안 꼈지, 너무 훌륭해 보이는 거야."

정희의 뺨이 발그레해진다.

"동네 어른들이 부모님께 잘하라고 한 대목 있지? 이것도 언니는 어떻게 읽었냐면 '너희 집이 사람들에게 존경을 받았구나'로 읽었어. '아빠 몸도 성치 않은데'란 말이 늘 따라붙어 너는 속상했겠지만 굉장히 열심히 사셨기에 사람들이 너희에게 이런 말을 하는 거라고. 칭찬이자 응원이자 감탄인 거지.

고등학교 얘기를 꺼냈던 단락도 그래. 4남매 중 셋째 딸이면 바로 다음이 아들이란 건데 당시 딸에 대한 차별, 더더구나 이렇게 학교 보내기 힘든 상황 속에서라면 셋째 딸은 구박덩어리가 되기 쉬웠어. 도시 중산층으로 살아도 상처되는 말을 엄청 듣고 자랐지. 힘들어 죽겠다, 딸은 왜 셋씩이나 낳아가지고, 이건 사는 게 아니다, 이런 말들을 막 해댔어. 이 방에서 그런 사례들을 많이 접했지?"

정희가 고개를 끄덕끄덕한다.

"하긴 당시까지 갈 것도 없다. 지금 우리가 멀쩡한 집과 직장을 다 가지고도 저녁에 애들 밥 주고 씻기기가 싫어서 가끔씩 이성을 잃고 아이들에게 어떤 말을 쏟아내는가 한번 봐봐. 그런데 너는 '정확한 워딩은 기억나지 않는'대. 엄마의 말에 '삶에 대한 짜증과 고단함'이야 당연히 묻어 있었겠지. 그럼에도 불구하고 네 가슴을 후벼 파는 말은 하지 않으셨다는 거야.

아마 '그 문제를 지금 생각하기엔 피곤하구나' 이 정도였을 거라는 거지. 상처가 되는 말을 하셨다면 네가 워딩을 기억 못 할 리가 없거든."

정희가 또 고개를 끄덕한다.

"너야 곧바로 '걱정마라. 원하는 고등학교에 보내줄게!' 같은 말을 듣고 싶었겠지. 매번 그런 식으로 애태우며 자랐을 테니 가난이 지긋지긋했겠지. 그래서 주목하지 못했던 건지도 모르겠어. 근데 언니는 여러 사례들을 보잖아? 너희 집안 굉장히 아름다워. 굉장히 우아해."

"긍정적으로 보면 그러네요. 저희 형제들은 싸워본 적이 없어요. 항상 모든 걸 나눠 썼고 모든 걸 함께했어요. 텔레비전에서 형제자매끼리 싸우는 걸 보면 이해할 수 없을 정도였어요. 지금도 우리끼리는 '그게 우리가 너무 없이 살다 보니 그랬던 거야' 그렇게 얘기를 하거든요. 어떻게 보면 너무 가난했기 때문에 좋은 효과가 있었던 거기도 하죠."

"다들 겸손하신 거지. 물론 후진국에서 결핍을 커다란 동기부여로 삼아서 성공하는 경우는 많아. 그런데 온 가족이 다 결핍을 성공의 자양분으로 삼는다? 그건 정말 드문 거야. 예를 들어 남매 중에 딸 하나가 정서적 소녀가장 역할을 하면서 죽을 둥 살 둥 살림도 하고 공부도 하면 아들은 '우씨, 우리 집은 왜 이렇게 가난해? 아빠는 왜 장애가 있어?' 이러면서 나가서 술 마시고 친구들과 불량한 짓하고, 이게 흔하지. 모두가 한마음으로 똘똘 뭉쳐서 '우리 열심히 살자, 서로에게 잘하자, 나누자, 아끼자' 이러는 건 극도로 어려운 '장기 팀 프로젝트'를 성공시킨 거라고.

언니가 지금 너에게 반복해서 말하는 이유는 뭐냐면 네가 원가정을 '시골의 가난한 가정'으로 인식했던 것에서 벗어나 그동안 보지 못했던 측면을 새롭게 주목했으면 해서야. 드문 우아함과 아름다움이 네 가족에게 있었어. 당시 도시 중산층에서 여유 있게 살던 가족도 지니기 어려웠던 정서적 자산 말이야.

이를테면 남매들 간에 깊은 우애가 있지. 엄마도 그렇게 일하고 와서 자식을 감정의 쓰레받기로 대하는 법이 없었어. 그땐 그게 다 허용됐잖아? 안 하셨어. 아빠는 또 어떻고? 형제들 다 대학 나와서 번듯한 직장 다닐 때 혼자 초등학교만 나와서 장애 있는 몸으로 할아버지의 폭력을 감당하고 살면서도 자신의 갑갑한 신세를 아내에게도 자식에게도 풀지 않았어. 이것 역시 그땐 허용됐는데 말이야. 부모가 모두 카르마를 당신들 선에서 끊고 자식들을 보호하니 '형제들은 모두 국립대 나왔고 모두 공무원이다'가 아무렇지도 않게 뒤따라 붙는 거야, 마치 당연하다는 듯이. 그런데 정희야, 이거 당연한 거 아니야. 어마어마한 거야."

"가난은 돈이라는, 수치화되는 대상으로 던져지니까 눈에 더 띄었을 뿐 그 외의 것들, 우아함이나 아름다움 같은 것들도 수치화할 수 있었다면 너희 집은 서울 강남역세권 아파트에서 산 것과 비슷해. 모두가 합심해서 일궈낸 힘의 크기를 자산화할 수 있다면 말이야.

자녀를 키우는 부모가 굉장히 주목해야 할 두 가지 지점이 여기에 있어.

첫째, 부모는 소유한 자산과 무관하게, 묵묵히 최선을 다해 살아가는 삶의 태도를 보여주는 게 자식에게 줄 수 있는 가장 큰 유산이라는 것. 자식들에게 '요만큼밖에 없으니 사는 게 힘들다' 투정하는 게 아니라 '요만큼으로도 어떻게든 살아진다. 열심히 살면 살아진다' 같은 두려움 없는 삶의 자세를 보여주는 것.

둘째, 부모로서 최선을 다하는 것은 당연히 할 일일 뿐, 그 대가를 아이들에게 요구해서는 안 된다는 것. 정희의 부모님은 심지어 공부를 잘했네, 못했네 평가도 하지 않으셨어. 아이들은 최선을 다하는 삶의 태도를 배워서 어린 눈에도 뭘 해야 할지가 아주 잘 보여서 알아서 열심히 공부를 했지. 한마디로 엄청난 선순환이야."

어느 날 새벽, 전화가 왔다. 엄마가 돌아가셨다는 전화였다. 엄마는 그날도 회사를 다녀와 새벽 일찍 농사일을 하다 뇌출혈로 쓰러져 그 자리에서 돌아가셨다. 내가 결혼하고 1년이 안 된 시점이었다.

"세상에! 얼마나 한이 되었겠어!"

"엄마가 일하다가…. 그날도 생선을 만지는 회사에 갔다가 왔더니 농사일이 남아 있는 거예요. 그래서 또 새벽같이 밖에 나가서 밭일하다가 쓰러지신 거예요. 아빠가 느낌이 이상해서 나가 보시니 이미 돌아가신 거죠. 우리는 엄마가 평생 일하다가 죽음까지도 일하다가… 하면서 속상해하기도 하지만 다른 측면으로 생각해보면 엄마가 사셨으면 지금까지도 고생하셨을 거야, 이런 얘기도 하긴 해요."

"그래, 참 안타까운 일이다. 더 사시며 자식들 잘된 덕도 누리셨으면 좋았을 텐데…. 하지만 '엄마'로서의 여한은 없으셨을 것 같아. 무슨 말이냐면 세상의 모든 엄마는 자식이 인생을 스스로 책임질 수 있게 되는 순간, 안도하잖니. '아, 이제 내가 없어도 아이가 안전하겠구나!' 생의 가장 큰 과업을 내려놓은 것 같지. 그걸 그래도 자식들이 짧은 시간 안에 다 보여드렸어."

남편을 처음 만난 건 교회였다. 남편은 신학대 편입을 준비 중이었다. 주위 사람들은 "친구들이 메이커 화장품 쓸 때 넌 로드샵 화장품 쓰고 싶냐"며 결혼을 말렸다. 당시 나에겐 그런 것이 중요하지 않았다. 그냥 그 사람이 좋은데, 그 사람이 그 일을 하는 사람이다 정도로 생각했었다.

"네가 그렇게 가난하게 자랐는데 가난에 한이 사무쳤으면 어떻게 가능했겠어? 쳐다도 안 봤겠지. 덧셈 뺄셈만 잘할 줄 아는 사람이면 쳐다도 안 봤을 거야. 특히 네 직종이 얼마나 인기 많은 신붓감이니? 동료들이 '사'자 붙은 남자와 결혼하는 게 다반사였을 거야. 그런데 네가 살던 세상은 덧셈 뺄셈의 세계가 아니었어. 사랑, 우애, 성실, 존중, 나눔의 세계였어. 행복의 강남역세권. 살면 다 살아지지, 이 엄청난 자산. 그래서 넌 남편의 장점들을 봤겠지. 온화하고 다정하고 지적인 면들. 어디 가서 억만금을 주고도 사올 수 없는 것들."

엄마는 딸이 돈 못 버는 신학대학원 학생을 만난다고 하니 속이 터졌겠지만 나에겐 아주 조금만 내색하셨다.

"튼실한 삶의 자세를 지닌 분들은 두려움도 적어. 그 자세로 뭐든 일궈낼 수 있다는 거 아시거든. 그래서 엄마도 이러실 수 있었던 거야. 재벌가 정략결혼 봐봐. 재벌까지 안 가도, 가진 사람일수록 얼마나 웃길 정도로 자식 혼사에 부모가 칼을 휘두르며 맺어놓고 찢어놓는지. 너도 주변에서 봤지?"

"네."

"돈의 힘에 압도되었기 때문이야. 돈이란 내가 통제할 땐 기회가 되지만 돈에 통제받는 순간 두려움이 돼. 줄어드는 것에 대한 두려움. 얼마나 많은 걸 지닌 사람들이 얼마나 겁에 질린 채 코딱지만 한 선택을 하며 협소하게 살아가는지."

결혼을 했고 남편은 교회에서 전도사를 했다. 월급이 용돈 수준이었지만 그것이 당시 내겐 큰일이 아니었다, 내가 버니까.

"이 용감무쌍함을 봐. '내가 버니까.'"

정희가 키득키득 웃는다. 그 얼굴이 사랑스럽다.

남편은 전도사 일을 그만두고 3년 정도 취업을 했다. 그때가 꼬박꼬박 월급을 가지고 오던 유일한 때였다. 항상 일은 밤늦게 끝났고 남편은 영혼 없는 사람처럼 출퇴근을 했다. 그러다 남편이 그만두고 싶다고 했다. 불확실한 미래에 대한 불안함을 우린 서로 편지를 주고받으며 싸웠다. 결국엔 그만두지 않으면 사람 잡겠다 싶어 그만두라고 했다.

"글을 써서 싸웠다는 거야?"

"네. 애는 태어나 있고 제가 복직한 무렵이었는데 저로서는 남편을 납득하기 어려웠어요. 제가 A4용지 한 장을 써오면 남편이 두 장을 써오고, 제가 세 장으로 반박하면 남편이 네 장을 써오고, 그렇게 싸웠어요."

"헐, 귀족들은 이렇게 싸우나 봐. 언니는 얼마나 천박하게 싸웠는데…."

“근데 전 그렇게 싸우는 게 부러웠어요. 그렇게 싸울 용기가 없었던 것 같아요.”

“음…. 아니야. 오늘 세미나에서 넌 네가 가진 것에 주목하는 힘을 좀 키웠으면 좋겠어. 네가 가진 게 참 많은데.”

정희는 내 말이 뜻밖이라 그런지, 쑥스러워 그런지, 상기된 얼굴로 미소를 띤다.

"그만두지 않으면 사람 잡겠다 싶어서 그만두라고 해? 응, 귀족 맞아. 보통 어떻게 해? 아파트 있고 남편이 대기업 다녀도 '어딜 그만 둬? 나랑 애는 어떻게 살라고!' 하지. 요즘은 남자도 마찬가지야. 아내가 회사 그만둔다면 만류부터 하는 게 일반적이지. 배우자가 회사 가기 싫어서 공황장애가 와도 어떻게든 약 먹고 버텨줬으면 하지. 애들이 아파도 약 먹여서 기어이 학교 보내듯이. 대한민국이 그렇게나 돈이 중요해. 그런데 너는 사람이 중요한 거야."

그리고 작은 사업을 시작했다. 남편도 힘들었겠지만 끊임없이 경제적 가장 역할을 하고 있는 내가 엄마의 삶을 닮아가는 것 같아 지쳐갔다. 대출도 받아주었다. 남편이 온실 속 화초처럼 보였다.

"구체적으로 어떤 면이 온실 속 화초 같았어?"

"경제적인 면이요."

"육아나 가사분담은?"

"아, 나머진 모두가 부러워할 만큼 하죠."

정희의 남편은 전업주부의 역할을 훌륭하게 해내고 있는 것이다.

"그치? 그러니까 글로 싸웠겠지? 이러니까 대출도 받아주었겠지?"

모두 긍정의 웃음.

"여기서 이상한 건 하나도 없어."

"근데 첫 대출을 받을 때 친한 동료에게 상의했더니 남편이 혼자 설 수 있게 하려면 자기 능력으로 대출받을 수 있게 놔두라고 하는 거예요. 그런데 전 그게 안 되는 거예요. 남편은 대출을 받기 어렵고 저는 쉽게 받을 수 있으니까."

"대출을 억대로 받은 건 아니잖아?"

"아니에요, 천대로 받은 거죠."

"그래. 그쪽 사업이 돈이 엄청나게 많이 들지는 않아. 예를 들어 역할이 바뀌어서 전업주부였던 아내가 일을 시작하며 '나 한번 밀어줘' 했을 때, 안정적인 직장을 지닌 남편이 한 번쯤 대출받아 줄 수 있는 정도의 금액이라고 생각해.

엄마의 삶을 닮을까 봐 두렵다고 하면서도 너에겐 엄마로부터 학습된 'XXXL 사이즈짜리 품'이 있어. 가정을 건사하는 방식이 XXXL 사이즈로 학습되었단 뜻이야. 그래서 넌 유연하게 사고할 수 있어. 네가 경제를 돌보고(주수입원), 남편은 가사를 돌보는 와중에 새로운 일을 도모하고(부수입원), 아이는 함께 돌보는 것. 여기에 잘못된 지점은 없어.

우리가 이 정도도 유연하게 생각하지 못하면서 남녀평등을 부르짖거나 가부장제를 비난해서는 안 돼. 너는 '가모장제'를 충분히 받아들일 수 있어. 받아들이고 자시고 할 것도 없는 게, 이미 네가 가모장으로 살고 있어. 가정의 가장 큰 권한을 쥐고 최종 결정을 하고 있다고. 가부장제의 익숙한 사고에서 벗어나야지 왜 엄마처럼 될까 걱정해? '일하는 여성=개고생'이던 시절로부터 사회는 변화했어. 네가 그 변화의 대표주자야. 네 직업을 봐. 가장이 되어 나머지 가족들을 지원하지 못할 아무 이유가 없어. 그게 뭔가 잘못된 거라는 가부장적 XS 후진 생각이 자꾸 네 XXXL 사고와 충돌을 일으켜서 불편한 것뿐이야. 일단 네가 가모장제를 네 것으로 받아들이면 XXXL 품과 딱 조화로울 거야."

나는 그동안 이 책의 곳곳에서 완고한 가부장제가 어떻게 경제력 있는 당시 엄마들에게 고통을 안겼는가를 언급했다. 일도 하고, 가사도 하고, 육아도 하고, 그래도 결국 욕먹고. 낯익지 않나? 지금 일하는 여성들이 겪는 것은 가혹했던 앞 세대 버전의 끝물 버전이다.

모든 문제는 '경제력과 인품을 갖춘 사람이 한 가정의 장이 되어야 한다'가 아니라 '무조건 남자만 그 역할을 맡을 수 있다'라는 불합리한 룰에서 야기되었다. 그렇게 고생하는 엄마를 보고 자란 딸들은 자신이 일하는 여성이 되는 것에 왜곡된 인식을 지닐 수밖에 없다, 정희처럼. 이미 의연하게 가장의 역할을 잘해내고 있으면서도, 남편과 의좋게 역할분담을 하고 있으면서도, 주변의 낡아빠진 참견과 불필요한 우려 속에서.

## 2단계 ◦ 위로와 긍정

한 참가자가 '살아생전 내내 놀았고, 그것으로도 모자라 종일 일하다 온 엄마에게 패악을 부렸던 아빠'가 돌아가셨을 때 온 가족이 느꼈던 평화를 들려준 적이 있다. 모두가 서둘러 아빠를 잊었는데 아빠의 빈자리가 그렇게 편안할 수가 없어 '이래도 되나?' 혼란스럽기까지 했다고.

그럴 수 있다. 가부장제의 환영에서 비로소 자유로워진 것이다. '가장인 남자가 제 구실을 못하니 문제가 있어' 하는 시선을 거두고 '이젠 남자가 아예 없으니' 맘 편히 체념할 수 있었을 테니까. 그제야 '문제 가정'이란 이름표를 떼어내고 심적 자유를 누리는 것이다. 얼마나 힘든 노릇인가? 이미 그 가족이 애써 유지하고 있었던 체제(가모장제)를 남자가 죽은 다음에야 인정받을 수 있었으니. 그래서 가족 모두가 불행하게 낭비한 세월이라니.

"정희야, 네 삶에 당당해져! 넌 이미 너만의 저력으로 아주 잘해내고 있어. 친척이나 동료들이 감히 네 진보적이고 유연한 삶의 방식에 '문제 있다' 훈수 두는 걸 허락하지 마. '요즘은 남편 무슨 일해?' 물으면 '알아서 잘하고 있어' 경계를 지어. '그게 왜 궁금한데?' 반문해도 돼. 남자들이 남의 집 전업주부 아내가 무슨 일하는지 안 궁금해하잖아? 안 궁금해야 하고. 마찬가지야.

아무나 벌면 어때? 성만 뒤바뀌었을 뿐 외벌이하는 사람과 전업주부하는 사람의 구도는 똑같은데. 남들이야 뭐라 하건 '우린 이 합이 참 잘 맞는다' 선언하고 다르게 살아가면 되는 거야. 남편이 가부장적인 사람이고 돌봄 능력도 없어서 네가 퇴근 후 혼자서 밥도 하고 애도 봐야 하면 문제겠지만, 아니잖아. 서로 합이 잘 맞아서 원활하게 잘 돌아가는 가정의 형태가 이미 완성되었잖아? 이 새로운 가족형태 즉, 가모장제에 맞는 가치관으로 살아갈 때 너도 남편도 심적인 낭비 없이 행복할 수 있어. 너와 남편이 행복하면 아이들이야 덩달아 행복한 거고."

사업을 시작한 지 얼마 안 되어 코로나가 터졌다. 남편은 돈이 벌리지 않는 동안 무슨 일이든 해야겠다는 생각에 주식을 시작했고 힘든 시기를 홀로 견디고 있었다.

"여기서부턴 바로잡을 게 좀 있다. 원래 가부장제에서 남자가 돈을 못 벌면, 못 벌었던 세월을 보상받으려는 듯 점점 큰 베팅을 해. 단번에 '사내 구실' 못했던 시간들을 만회해보겠다는 거지. 그 마음이야 이해되지만 준비도 덜 된 상태에서 성급하게 큰일에 뛰어들면 크게 말아먹을 수밖에.

자, 가모장임을 인정하고 다시 질서를 정립해보자. 그럼 주 수입원은 너고, 남편은 부수입원 정도지? 그럼 이런 성급한 만회는 불필요하단 걸 알 수 있어. 오히려 꼭 필요한 것은 장기적이면서도 구체적인 직업 로드맵이야. 다만 100만 원이라도, 가정을 돌보며 매월 일정한 수입이 창출되는 정도면 된다는 것. 그러다 더 벌면 좋고! 이런 대화를 나누면서 서로를 안심시키고 함께 경제 계획을 잡아나가야 해."

가끔 남편은 일이 잘되지 않을 경우의 두려움을 이야기한다. 내가 자기를 믿어주었으면 좋겠다고 말하기도 한다. 내게 경제적 믿음을 보여준 적이 없는데 어떻게 믿을 수가 있나? 하지만 역시나 돈 문제이니 혹 자존심을 상하게 할까, 그냥 잘할 수 있을 거라 말하고 넘어간다.

"외벌이로서 너도 부담을 느낄 때가 있을 텐데 거기에다 '내 일이 잘못되면 어떡해?' 하는 불안까지 남편이 나누고자 하는 건 당연히 네게 스트레스가 되겠지. 가모장제를 인정하는 순간 심적 낭비가 줄어들 거라 했지? 가장이 누구야? 이걸 명확히 하면 남편의 이런 두려움도 줄어들 거야.

다만 남편은 경제적인 것뿐만 아니라 모든 영역에서 자기 감정을 너와 나누고 싶어 하는 사람인 것 같아. 좋은 것도 나쁜 것도 표현하고 공감받고 싶어 해. 반면 너는 공감보다는 문제해결에 집중하지. 경제적인 것뿐만 아니라 이런 부분에서도 한국의 다수 가정과 반대되는 성역할이야.

남편이 소통을 과도하게 시도하는 건지, 아니면 네가 너무 안 하는 건지 생각해볼 필요가 있지 않을까? 너는 좀 하니?"

"저는 안 하죠."

"남편이 그럴 대상이 아니라고 생각해서? 해봤자 뭐 하냐,

어차피 다 내가 해결해야 하는데 그래서 안 하는 거야? 아니면 원래 감정표현이 적은 거야?"

"원래 적어요. 신혼 때부터도 일 끝나고 집에 가면 남편이 '오늘 무슨 일 있었는지 말 좀 해주면 좋겠다' 했었어요. '맨날 똑같이 일하는데 무슨 말을 하지?' 저는 속으로 그랬고요."

나는 웃음이 났다. 남편과 내가 늘 저 반대로 이야기를 했다.

"난 네가 감정표현을 조금은 했으면 좋겠어. 네가 너무 자신을 억압하면서 헤쳐나가려고 하잖아. 감정표현으로 문제해결은 안 되지. 하지만 표현 자체로 편안해지는 게 있어. 네가 '불안해'라고 말하면 남편이 '열심히 하고 있잖아. 잘될 거야' 이런 말을 해주지? 그럼 네 마음이 편안해지지? 그런 걸 누려야지. 네 남편이 경제력은 없지만 이 분야엔 뛰어난 능력이 있어."

"그런데 남편이 워낙 저한테 잘 물어봐주니까 제가 털어놓게는 돼요. 제 표정 보고 '네가 무슨 일이 있는지 알겠다' 하고 제 감정도 읽어주거든요."

"그래, 이 남편 장점이 참 많아. 돈을 안 버는 것 같지만 돈도 버는 거야. 남편이 그런 거 안 해주면 너 상담사에게 큰돈 내고 해야 돼. 아니면 몸에 병이 생겨서 병원비가 왕창 들어가든지."

"그래도 지금 제 안에서 계속 하고 싶은 말이 있어서 힘든 거예요. 경제적인 것에 대한 제 감정을 말하지 못하는 거요."

"그러니까 네가 제일 말하고 싶은 건 지금 '너 주식하지 말고 나가서 돈 좀 벌어와. 나 그거 때문에 불안해 죽겠어' 이건데, 그 말을 못 하니까 다른 대화도 의미가 없다고 느끼는 거잖아."

"네. 다른 대화는 하고 있지만 중요한 부분이 해결되지 않으니까. 그 말을 시원하게 하고 싶은데 못 하는 거죠."

"아, 해! 그 정도면 걍 해!"

전원 깔깔깔. 부부싸움을 하면서도 서로를 존중하는 정희 부부가 웃겨서, 신기해서, 부러워서 우리는 함께 웃었다.

“그걸 ‘너 때문에 죽겠어. 이 무능력한 놈아’ 이렇게 하는 게 아니라 ‘나는 당신이 구체적인 직업 로드맵을 그리고, 차곡차곡 준비해서 월 100이라도 꾸준하게 벌이가 있는 직업을 가지면 마음이 불안하지 않을 것 같아’라고 하는 거지. 말했듯이 ‘내가 경제적 가장을 할 테니 당신은 부수입 정도만 벌면 돼’ 이렇게 대전제를 깔고.

부수입이라 생각하면 선택지가 넓어질 거야. IT 프로그램을 배우든, 목공일을 배우든, 1년 뒤, 6개월 뒤, 이런 식으로 시간을 정해놓고 준비하면 둘 다 마냥 불안하지 않을 거 아냐. 네가 기왕 돈 버는 거 1년 더 혼자 번다고 뭐가 어떻게 되겠니? 그렇게 구체적인 비전이 보이는 일을 이야기 나누면 너도 남편도 한결 안정될 거야. 지금은 분명 남편이 살살 네 눈치를 볼 것이고 너도 그 말을 못 해서 남편의 다른 장점들이 다 안 보이고. 그런 상황을 끌고 가는 게 바람직할까?

엄마가 주신 XXXL 사이즈 자산 중에 시대적으로 보완해야 할 건 이거지. 그 어떤 경우에도 소통 자체를 안 하면 안 된다. 회피하고 혼자 속으로 되새김질하는 건 굉장히 비효율적인 문제접근 방식이어서 결코 문제해결이 안 된다. 배려하는 것도 좋지만 무조건 꾹 참고 내버려두는 것만 배려가 아니다. 배려에는 소통에 대한 노력도 포함되어 있는 것이다. '나는 너랑 소통하고 싶어서 꾸준히 노력해' 이것이야말로 큰 배려다.

물론 이혼할 사람끼리는 이렇게 노력할 필요 없어. 네가 남편과 이혼하고 싶은 건 아니잖아?"

"아이쿠, 전혀 아니에요."

"그렇겠지. 경제력 하나만 빼고 나머지는 다 갖췄으니까. 언니는 말이야, 나머지는 하나도 갖추지 못하고 경제력 하나만 잘 갖춘 사례를 여럿 알아. 그 아내들은 '이혼하고 싶냐'는 질문에 뭐라고 대답하는 줄 알아?"

"…?"

“저한테 경제력만 있다면, 당장요!”

와르르 웃음.

“그래. 이야기를 나누는 사이에 네가 원하는 게 뭔지 명확해졌을 거라 믿어. 남편이 ‘약간의’ 경제력을 갖춰서 일정한 부수입원이 되어주길 바라. 그래서 네가 경제적 가장이지만 때로 ‘나도 쉬고 싶다’는 생각이 들 때 ‘쉼’에 대해 남편과 함께 계획을 잡아볼 수 있는 정도가 되기를 바라. 공무원 수입이 주수입원이라는 게 네 성에 차진 않아. 하지만 대신 너무나 안정적인 수입원이란 큰 장점도 잘 알고 있어. 노량진에 그렇게나 많은 사람들이 모여 공시를 준비하는 바로 그 이유 말이야.

그리고 또 너는, 돈 잘 버는 맞벌이라 해도 그중에 ‘돈 충분하다’고 말하는 사람은 한 명도 없다는 것도 잘 알고 있어. 많이 벌면 그만큼 많이 소비하니까. 그래서 허덕허덕 사는 모양은 똑같다는 걸 알아.”

이 대목에서 화면 속의 모든 얼굴들이 한꺼번에 끄덕끄덕했다. 언제나 중요한 건 얼마를 버는가가 아니라, 소비의 규모를 통제하는 일이다.

"그럼 〈치유의 3단계 매뉴얼〉로 정리해보자! 긍정의 포인트는? 나는 XXXL 품을 지닌 귀족이다! 그것도 능력 있는 가모장이다!"

### 3단계 ◦ 퉁치기와 경계설정

경계설정 진정한 가장이 되기

목표 구닥다리 가부장제를 버리고 가모장제를 받아들인다

방법 1. 남편이 직업 로드맵을 그리도록 하고 구체적인 시간과 비용에 대해서 함께 상의한다.

2. 남편 이슈와 별개로 '멈추고 느끼고 표현하는' 훈련을 매일 한다.

하루 단 5분이라도 '나'를 느끼고 그것을 글이나 말로 표현한다. (예. "베란다에서 바라보니 노을이 핏빛처럼 붉구나. 마치 내가 어딘가 먼 곳에 와 있는 것 같아.") 고혈압 환자가 하루 한 번씩 알약을 복용하듯 매일 할 것. 평생 동안. 그렇게 살아 있음을 매일 누리고 그 소중한 순간을 가족과 나눌 것. 그래야 가장으로서 지치지 않을 수 있다.

3. 가장의 근본은 근력!
운동이란 자신을 보살피는 행위. 운동하며 2번 과제를 수행한다. 움직이는 몸의 감각을 적는다. 펄떡이는 심장, 발바닥에 닿는 땅의 감촉 등.

4. 힘들 땐 남편에게 가장으로서의 심적 부담을 '나 전달법'으로 털어놓는다. (예. "나도 때로 쉬고 싶어." "나는 이러이러한 점이 불안해. 오늘은 당신에게 위로 좀 받고 싶네.")

5. 가부장적 사고에 젖어 있는 사람들의 관심은 통일된 답변으로 밀어낸다.
'저희는 알아서 잘하고 있어요'라고 답변하기. '너나 잘하세요'라고도 말해주면 좋겠지만, 그건 속으로만.

6. 좀 더 진보적인 삶의 방식을 추구하는 사람들로 주변을 물갈이한다.
세상엔 다양한 삶의 방식으로 살아가는 사람들이 많다. 기존 전통에 균열을 내고 변화를 만드는 사람들, 지금 살아가고 있는 삶의 방식을 지지하고 응원해줄 사람들, 자신만의 신념을 지니고 살아가면서 타인의 신념도 존중할 줄 아는 사람들! 그들이 '난 혼자가 아니구나'를 깨닫게 해줄 것이다. 공동육아, 대안학교, 생태모임 등 한 걸음만 옆으로 내디뎌도 그런 사람들이 있다.

7. 분기별로 '칭찬 Day'를 정해서 즐긴다.
한 계절을 잘 버텨낸 것을 축하하며 가족과 케이크를 자르거나, 혼자 (또는 애들 친정에 맡기고 부부만, 또는 온 가족이) 1박 2일 여행을 떠난다. 나는 그럴 자격이 차고 넘치는 여자!

"자, 오늘은 여기까지. 파이널 에세이까지 우리 정희 파이팅이야."

# 나는 내가 일으켜 세운다,
# '그 힘'으로!

세미나 이후 정희와 따로 통화를 했다. 남편이 구체적인 직업 로드맵을 잡아가기에 도움이 될지도 모를 사람과 연결해주기 위해서였다. 그리고 무엇보다 뼛속까지 익숙한 가부장에서 가모장으로의 이동이 얼마나 큰 '관념의 대이동'인지 알기에 응원의 말을 더해주고 싶었다.

다행히 정희는 대이동 앞에서 두려움이나 무기력에 빠지지 않았다. 분명 두려움도 있었을 것이고 무기력도 올라왔겠지. 하지만 거기 주저앉지 않고 힘을 내 일어서 있었다. 선 채로 저 멀리 나아갈 지점을 바라보고 있었다.

'그 힘'은 어디서 나오는가? 험한 세상을 헤쳐나가는 어른으로서 우리는 늘 그것이 알고 싶다. 내 모든 재산을 다 바쳐서라도 그 힘을 구하고 싶다. 아이를 키우는 사람이라면 더더욱 알고 싶을 것이다. 사막 한가운데 숨겨져 있다 해도 꼭 구해서 내 아이에게 주고 싶을 것이다. 나는 그것이 어디에 있는지 안다. 정희가 첫 모임에서 쓴 짤막한 글을 보면 된다.

나는 도라지나물을 좋아한다. 도라지나물을 한 입 씹을 때마다 뿌옇지만 따뜻한 옛 기억이 나를 감싼다. 엄마는 농사일로 거칠어진 손으로 사각사각 가늘게 도라지를 예쁘게도 다듬었다. 나는 엄마 손이 처량하다는 생각을 하면서 따뜻한 아랫목에 엉덩이를 더 들이민다. 엉덩이를 타고 오르는 온기와 나지막한 텔레비전 소리는 내 몸을 나른하게 만든다. 눈꺼풀도 나른해서 힘이 풀릴 즈음, 엄마의 낭랑한 목소리가 들린다.

"희야! 밥 먹자!"

정희의 엄마는 아셨을까? 당신이 지닌 위대한 힘을? 그 힘이 저 순간에도 딸에게 스며들고 있었던 것을? 그래서 당신이 일평생 하셨던 수십만 가지 일 가운데 단지 도라지나물 하나, 그것을 추억하는 딸의 글 몇 줄만으로도 독자인 나의 눈

시울이 이렇게 뜨뜻해진다는 것을? 그 힘은 '공들여 대하는 삶의 순간들' 속에 있다. 내 삶 속에 들어온 사람과 일을 공들여 대하는 순간들 속에. 삶을 대하는 태도는 고스란히 양육된다.

정희가 가져온 파이널 에세이의 제목은 다음과 같았다.

괜찮아, 그래 봤자 안전선 안이야!

아주아주 맘에 들었다. 정희는 새로운 관점을 전격적으로 취해서 생의 서사를 '의미 있는' 일대기로 재구성해냈다. 같이 살펴보자.

우리 집은 가난했지만 다행인 것은 우리 동네 모두 사는 수준이 고만고만했다는 것이다. 가난함이 서글펐던 것은 성인이 되어 느낀 감정이다. 누구나 그땐 그렇게 살았기에 경제적 여건을 비교해서 감정을 다친 적은 없었다.

시골에서의 팍팍한 삶이 부모님을 고단하게 했던 것은 당연한 사실인데 그 와중에도 우리 집엔 웃음이 넘쳤다. 저녁 시간에 아빠가 해주시는 재미난 이야기를 듣는 것이 즐거웠고 "영덕에서 너희 아빠같이 아이들에게 다정한 사람은 없을 거다"는 엄마의 말이 은근히 자부심을 가지게 했다. 엄마도 그런 아빠가 좋아서 결혼을 했겠지. 돈 무서운 줄 모르고 사랑 넘치는 남자를 사랑한 엄마의 젊은 시절을 상상하니 엄마가 참 사랑스러웠다.

부모님의 빈자리를 4남매가 함께 채워간 일은 당연하다고 생각했었다. 그런데 주위를 살피니 4남매 모두 반듯하게 성장하고 우애 좋기가 쉽지 않다는 것을 알게 되었다. 동생이 중학교 때 "아무것도 안 물려줘도 돼. 마이너스 통장만 아니면 돼!" 하고 우스갯소리를 했을 때 온 가족이 다 함께 웃었다. 이미 그 때 부모님이 우리에게 자립하는 힘과 서로 도와가며 살 수 있는 큰 자산을 물려주셨던 듯하다.

당시 많은 부모가 아이를 정서적으로, 또는 신체적으로 학대한 사례가 내 주위에도 많았다. 그런데 나는 그것을 실제로 겪어보지 못했기에 먼 나라 이야기처럼 들렸다.
살기 힘들었지만 정서적인 안정감을 주시고, 가진 것 안에서 열심히 살아낸 부모님들이셨기에 동네어른들이 부모님과 우리가 잘되기를 바라셨을 것이다. 그 바람으로 항상 부모님께 잘

하라고 우리에게 당부하신 것이었겠지.

과연 나라면 엄마 아빠처럼 살 수 있었을까? 아빠는 형제들 사이에서 느꼈을 열등감과 장애인으로 사는 씁쓸함을 우리에게 어떻게 쏟아붓지 않을 수 있었을까? 엄마는 끝나지 않는 가난의 무력감을 어떻게 버텨낸 걸까?
우리 가족에 대한 자부심을 가지기로 했다. 정서력은 그야말로 강남역세권이다! 내 인생이 고단함보다 빛난 시기가 더 많다는 것을 알게 되었을 때 부모님의 인생도 그렇다는 것을 깨달았다. 엄마의 인생이 특별히 슬픈 것만은 아니었다는 것, 또 우리로 인해 빛났던 나날이 더 많으셨다는 것!

**"그럼그럼. 얼마나 자랑스러우셨겠어? 네 명이 순서대로 돌아가며 보람을 선물해드렸을 테니! 여기까지 아주 훌륭한 관점의 전환이야. 완전 좋아!"**

남편은 항상 내 마음을 잘 읽어주고 나보다 내 기분을 먼저 알아차리는 사람이다. 온화하고 사랑을 표현할 줄 알고 먼저 말 걸어주는 사람이다. 집안일은 함께하는 것이란 것을 원가정에서부터 습관처럼 몸에 익힌 사람이다. 그래서 남편이 참 좋았다. 그런 사람을 만난 건 정말 행운이다.

남편이 이런 사람이니 우리는 싸움을 글로 할 수 있었던 것 같다. 감정을 다 드러내고 치고 받고 싸우는 것이 부러웠는데 이렇게 글로 싸울 수 있다는 것도 우아하지 않은가! 이것 또한 자부심을 가지기로 했다.

"그렇고말고. 사랑이야!"

이어지는 글은 정희가 세미나 이후에 새로 보탠 부분이다. 글을 쓴다는 것은 때로 공을 굴리는 것과 같다. 처음에 굴러갈 방향을 제대로 조준하고 밀어내는 힘을 적정히 보태면 흐트러짐 없이 알아서 굴러간다. 정희는 앞부분에서 이미 관점의 전환을 전격적으로 해냈기 때문에 잘 잡은 기본 틀 안에서 나머지를 펼쳤다.

## 셀프치유,
## 그 누구도 아닌 '나'를 보기

남편이 교회 일을 할 때는 경제적인 관념 없이 이상적인 것이 불만이었다. 그런데 일과 주식을 시작하면서 너무 돈에 대해 이야기하자, 나는 아이러니하게도 그게 또 싫었다.

**"여기서 정희는 훌륭하게도 더 이상 남편이 아닌 '나'를 바라봐. 즉, '남편의 부족한 점'이 아닌 그를 바라보는 '나의 모순된 욕망'에 주목하지? 관계를 잘 헤쳐나가는 현자의 자세야. 남 뜯어고칠 생각 대신 '나나 잘하자!'"**

'이상과 돈을 적절하게 결합한 꿈 같은 사람을 내가 이상형으로 잡고 있었던 것일까?' 하는 데까지 생각이 미치니 마음을 다시 편안하게 다잡게 된다.

"그러고 나서 '내가 왜 그랬을까?' 자신의 내면을 더 들여다봐. 아주 바람직한 순서지?"

한편, 남편에게 '난 네가 적더라도 안정적인 일을 시작했으면 좋겠어. 지금은 불안해'라는 말을 왜 못 해서 혼자 가슴에 돌덩이를 이고 사는 것일까? 깊이 들여다보기 시작했다. 가슴에 얹힌 돌덩이를 집어던지고 싶었다. 처음엔 문제가 남편에게 있었다. 그런데 한 꺼풀 벗기니 그 안에는 혹시 남편이 상처받을까 두려워하는 내가 있었고, 또 그 안에는 그런 말을 하지 않는 우아한 사람이고 싶은 내가 있었다. '왜 우아한 사람이고 싶은가' 더 들여다보니 거기엔 내 감정을 돌보지 않는 내가 있었다.

"굉장한 것들을 끄집어냈어. 고구마 줄기처럼 연쇄적으로!"

부정적인 감정은 없었던 것인 양 무시해버리고 긍정적인 감정만이 내 것인 양 살았던 내가 보였다. 밤잠을 설쳤다. 끊임없이 잘 살아야 했던 내 삶에서 감정을 들여다보는 것은 효율적인 일이 아니었다. 부정적 감정이 배제된 채 결론 내려진 '평탄한 인생'은 더 이상 자랑거리가 아니었다. 보살핌받지 못한 내 감정은 꼭꼭 숨어 있다가 이제 더 숨을 곳이 없자 곪은 채 터져나오는 중이다. 내 마음이 외치는 소리를 이제야 듣는다. "나 여기 있어! 나를 드러내도 괜찮아! 누구도 뭐라고 안 해! 드러내 봤자 안전선 안이야!" 나를 알아채고 나니 나에게 말해주고 싶은 것들이 생겼다.

"정희는 현재 자신의 안전함을 확인하고, 안도하며 그것을 성취하기까지 모든 것을 억제하며 노력해야 했던 과거로 가."

시장에 가면 엄마의 주머니 사정이 걱정되어 엄마가 "뭐 먹을까?" 하면 "아니, 괜찮아"라고 대답했다. 엄마는 4남매 모두 한 명도 빠짐없이 그랬다는 것이 슬펐다고 했다.

"이러니 엄마가 또 새로 충전되어서 새벽마다 일을 나가셨지. 어떻게 이렇게 완벽하게 한 팀일 수가 있었을까? 지금부터 정희는 생의 각 시기로 돌아가서 그때 자신에게 누군가 해주었으면 했던 말을 직접 들려줘. 내면아이를 불러와서 셀프 치유해주는 거지."

## 소중한 것을 누리며 산다

어린 정희에게

"괜찮아, 어린 시절을 맘껏 누려도 돼! 네가 튀김 하나를 즐겁게 먹는 것이 엄마에겐 더 행복이었을 거야."

친구들과 두루 친했지만 마음은 외로웠던 중학생 정희에게

"괜찮아. '더 친해지고 싶어!'라고 말해도 돼. 아마 그 친구들도 너랑 더 친해지고 싶었을 거야. 그 말이 너를 깎아내리지 않아! 걱정 마!"

고등학교 진학을 앞두고 부모님의 사정을 걱정하던 정희에게

"괜찮아, '나도 도시로 가고 싶어' 말해도 돼. '시험에 떨어질까 봐 두려워'라고 말해도 돼. 어리광 좀 부려도 돼. 이제 겨우 열여섯 살이라고!"

대학입학을 앞두고 재수를 하고 싶었던 정희에게
"재수하고 싶다고 말해도 돼. 말하고 나서 재수 못 하게 되더라도 '내 맘은 지금 이래'라고 말해도 돼. 언제 그렇게 말해보겠어?"

"언니는 여기서 눈물이 나더라. 정희도 분명히 울면서 썼을 거야. 작가가 진심으로 울면서 쓰면 독자는 반드시 울게 되어 있어. 힘들었지? 하지만 아주 잘했어! 이것이 치유의 글쓰기야."

정희가 울먹한다.

남편에게 '돈 벌어와'라고 말하고 싶은 나에게
"불안하다고 말해도 돼. 남편은 품이 넓은 사람이야. 걱정 마. 그 말 한다고 남편 안 죽어."

"여기서 에세이 제목과 만나지? 안전하다는 걸 깨달은 것, 그래서 꽁꽁 숨겨둔 튀김 하나를 꺼내온 것, 연달아 청소년

기의 정희, 재수하고 싶었던 정희까지 꺼내온 것, 이게 정희를 풍요롭게 할 거야. 이제 수도꼭지는 열렸어. 울어도 돼. 이완해도 돼. 천천히 가도 돼. 이쯤에서 긍정해도 돼. 이제 정희는 이 모든 걸 할 줄 알아.

잠겼던 것이 열리면서 새로 드러나는 과거의 것들이 있지? 계속 열어두면 그리로 들어오는 새로운 것들이 또 있을 거야. 바로 지금 이 글에서 해낸 것처럼 계속 발견하면서 사는 거야. 소중한 것들을 알아보고 누리면서. 바꿔 말하면 이제 소중한 것들이 현물처럼 눈앞에 펼쳐지는 거야. 그전에는 세상이 말하는 현물들이 더 눈에 잘 보이는 곳에 배치되어 있었거든. 우리가  한 발자국만 밖에 나가도 사실 그것들이 숨 막히게 배치되어 있잖아. 그런데 이런 걸 발견할 수 있는 태도를 가지는 순간 우리는 굉장히 다른 방식으로 나의 일상을 대하게 되고 훨씬 더 잦은 빈도로 행복을 건져 올릴 수 있어. 연쇄적으로 그게 가능해져. 말했듯이 고구마 줄기처럼. 오늘 고구마 진짜 많이 캤네!"

내 감정이 방치되었다는 것을 알아차린 날 밤 "내 감정을 존중해줄 거야!"라는 말이 밤새 꿈속에서 내 마음을 헤집어놓아

수십 번 잠을 깼다. 새벽녘, 선잠 속에서 지금이라도 안 것이 어디냐며 나를 다독거렸다.
내년이면 마흔이다. 인생 2막의 시작은 내 감정 보살펴주기로 정했다. 굳어버린 감정이라 무슨 감정인지 알아채기 어렵더라도 하루 한 번 꼭 나를 살펴봐주려고 한다. 내 마음의 평안과 가정의 평화가 목적이다. 그것을 위해 매일 공책에 내 감정을 기록하고 부정적인 감정도 그냥 받아들이기로 했다.

"아주 좋아!"

또 남편에게 하고 싶은 말을 맘에 고이 모시지 않기로 했다. 파이널 에세이를 쓰기 전 남편에게 나의 불안함을 말하지 않고는 이 글을 적을 수 없겠다는 마음이 들어 용기를 내어 말했다. 그런데 정말 별것 아니었다! 말한다고 남편이 상처받지도 않았고 내가 저질이 된 것도 아니었다.

"'저질!' 여기서 언니 아주 깔깔 웃었다. 귀족 엄마가 키우신 딸은 이렇게 고매하구나. 언니처럼 진짜 저질들 부부싸움 얘기는 쪽팔려서 들려줄 수가 없네."

정희가 호탕하게 껄껄 웃는다.

"정희의 글은 꼭 필요한 몇 가지 행동들을 실천에 옮긴 뒤 썼기에 강력한 글이 되었어. 세미나 이후에 나아가야 할 지점을 알았고, 그러기 위해서 넘어야 할 허들이 뭔지를 확실히 깨달았다는 거지. 허들을 직접 넘어보고 나서 내용을 완성해 왔어. 당연히 전체적으로 자신감에 차 있고, 내용 중 어느 것 하나 헛소리가 없어. 치유를 향해 한 걸음씩 뚜벅뚜벅 다가갔어. 정희 목소리로, 정희 이야기를, 딴딴하게 노래해서 이 세상에 단 하나밖에 없는 '정희 노래'가 된 거지."

정희는 드디어! 남편과 속 이야기를 나눈 뒤 발견한 것들을 차분히 적었다.

> 오히려 남편의 계획을 더 잘 듣게 되었다. 그리고 혼자 일하는 남편은 말할 상대가 없다는 것을 그날 알게 되었다. 남편을 위해 대화하기를 지속하는 노력을 해야겠다.

"그렇지. 터놓을 대상이 너뿐이었을 텐데, 너는 대화 자체를 피했으니. 남편은 무시받는 것 같기도 하고 뭔가 보여줘야겠다는 무언의 압력을 더 강하게 받았을 수도 있어. 터놓고 이야기한다고 뭐 해결된 건 없잖아? 그럼에도 불구하고 소통이라는 건 의미가 있는 거거든. 해결이 아니라 교감과 공감! 사랑하는 사람들이 서로의 상태를 알아봐주는 이런 순간들, 더 누리면 좋겠다. 이런 순간들이 있어야 해결될 때까지 버틸 수 있는 힘도 생기는 법이야."

가부장제와 가모장제에 대한 시선도 바꾸기로 했다. 마음먹는다고 쉽게 되는 것은 아니지만 결국 내 맘의 평안은 거기서 올 것이란 생각이 든다. 말로는 세상 진보적인 척 다하면서 속으로는 내가 계속 돈 버는 게 억울했던 것이다. '내가 억울해했구나'라는 걸 알게 되자 덜 억울해졌다.

"마지막 문장 참 재미있지? 해보지 않고선 적을 수 없는 '진짜 앎'의 문장이야. 가부장에서 가모장으로의 이동, 힘들었을 텐데 결국 수용해냈어. 내 맘의 평안, 우리 가정의 평안을 거기서 찾았다는 것, 역시 가모장이기에 해낼 수 있는 결단답다! 마지막으로는 그간 정희가 해왔던 것들에 대해서 매우 적절한 셀프 칭찬도 해주었지?"

그동안 모든 선택과 실행의 과정에 나의 저력이 없었다면 하지 못했을 일이었음을 알고 '잘했다' 스스로 칭찬해주기로 했다.

'잘했어! 아주 잘했어!'

참 신기한 일이다. 마지막으로 내게 잉여시간을 주기로 했다. 뭔가 끊임없이 해야만 할 것 같은 마음을 쉬게 하고 잉여시간을 충분히 줄 것. 그리고 나에게 말해주는 것. '괜찮다. 그래도 된다. 그래도 그냥 너다.' 전에는 생각지 못했던 일이다. 앞으로 남편과 상의해서 구체적으로 잉여시간을 잡아볼 예정이다.

언젠가 책임감, 의무감, 도덕성의 무게에 대해 한 교수님에게 말했었다. 그 교수님이 내게 말했다. "정희 님, 이런 말해서 미안한데, 막 남이 정희 님 신경 쓰고 그럴 것 같지요? 근데 아무도 신경 안 써! 마음대로 해!"

난 이제야 내 마음대로 발걸음을 뗀다.

"그 발걸음에 자유함이 깃들기를! 정희는 거의 다 털었어. 박수!!"

정희의 얼굴이 태양처럼 환하다.

며칠 뒤 정희가 이 모든 여정의 소회를 담은 글을 적어 보냈다. '열린 정희'는 훨씬 솔직하고 감성적이 되어 '자신을 느끼고' 있었다. 몇 줄만으로도 나는 이내 많은 것들이 짐작되어 뭉클해졌다.

태양이 뜨겁다. 구름 한 점 없는 하늘을 봤다가 다시 앞을 본다. 후…. 나는 집에 가는 길을 잃어버렸다. 손가방을 꽉 움켜쥐고 긴장된 눈으로 주변을 살핀다. 여기는 어딜까? 나를 알아봐 주는 사람 하나 없는 여긴 어딜까? 그러다 누군가와 살짝 어깨를 부딪쳤다. 엉겁결에 90도로 허리를 숙였다. 그럴 필요까진 없었는데….

살짝 허리를 편다. 남들이 알아차릴 필요는 없다. 나만 알아차릴 정도의 당당함이면 되었다. 웅크려 있던 내 불안도 허리를 편 만큼 당당해졌다. 조금 더 가볍게 걸음을 옮기다 보니 낯익은 건물이 눈에 들어왔다. 손에 힘이 풀리고 눈물이 고인다. 쓰윽 닦아냈다. 몇 번 더 닦아냈다. 그러다 꺼이꺼이 울고 말았다. '집'을 찾은 건 아니지만 '길'을 찾았다. 이 길을 걸어가면 집이 나온다. 빨개진 눈, 빨개진 코, 숨 한 번 크게 들이쉬고 걷던 길을 다시 걷는다.

나를 찾아 헤맨 지 참 오래되었다. 그렇게 헤맬 때에도 '나는 무엇을 잘할 수 있을까'가 먼저였다. 내 마음보다 성과가 먼저였달까. 사람들이 있는 자리에서도 나를 다 드러낼 수 없었다. 무엇이 그리도 나를 묶어두었을까. 왜 그리도 남들이 신경 쓰였을까. 친할수록 더 나를 드러낼 수 없는 함정에 빠지는 나를 보며 나의 마음은 대체 어디에 펼칠 수 있을까 고민이 많았다. 글쓰기 모임이 그곳이 되어줄 거란 기대가 없었던 것은 아니지만 이렇게까지 나를 드러낼 수 있을지는 몰랐다. 직통으로 본질을 짚으며 서로의 삶을 나누게 되니 곁다리 생활들은 정말로 부수적인 것이 되어버렸다.

나를 느끼고 그 느낌을 존중하고 그것을 말로 표현할수록 점점 진짜 내가 되어감을 느낀다. 정말로 나로 살아갈 수 있도록 맥을 짚어준 허준 오소희 선생, 나의 모든 것을 그대로 받아준 쌍년 등신짓 멤버들, 나를 드러낼수록 더 나를 안아준 사랑하는 남편, 그리고 용기낸 나,

정희,

사랑합니다!!!

I love you, too, 정희!

**네가 애써 찾아낸 길, 그 길에 자리한 네 집에서 새어나오는 빛이 우리가 더불어 살아가는 이 세상을 더 환하고 아름답게 비춰줄 거야. 손잡고 함께 가보자.**

에필로그

# 우리는 계속 말하고 행동할 것이다

우리가 함께 모여 마음공부를 했던 시간은

참으로 경이로웠습니다.

여자라서, 그 시절이어서,

자유로울 수 없었던 상처를 조심스럽게 드러내면

'나'만 아픈 줄 알았는데

'우리'가 아팠다는 것을 깨달았던 시간.

그 깨달음 자체가 치유가 되고

연대가 되었지요.

그리고 연대는 반드시
'새롭게 할 일'로 연결되었어요.

멈칫거리며 방문을 열고 들어온 상처투성이 여성들이
여전사들처럼 강인해져서 뚜벅뚜벅 세상을 향해
걸어 나가던 모습을 잊지 못할 겁니다.

이 책은 그 경이로운 시간 속에서 건져 올린
첫 번째 이야기, '부모' 편입니다.

두 번째 이야기로는
'부부' 편이 예정되어 있습니다.

동시대 여성 독자들이
주도적으로 상처를 치유하고
주체적으로 삶을 재편하는 데
이 책과 감感노트가 유용한 도구가 될 수 있기를 바랍니다.

여전히 불평등 속에 놓여 있는 여성이라는 지위,
그래서 바꿔 나갈 것도 많은 이 세상에

함께 공부하고 행동하는 여성들이 있어서 든든합니다.

저를 믿고 찾아와준 모든 참가자들,
나아가 기꺼이 글을 내어준 참가자들에게
깊은 사랑과 감사를 전합니다.

오소희